KB102219

기묘한
이커머스
이야기

매주 5천 명이 받아 보는
이커머스 트렌드

기묘한 이커머스

이야기

기묘한 지음

프리덤북스

우리가 이커머스에 대해
알아야 하는 이유

2021년 상반기 최대 사건 중 하나는 아마 쿠팡의 뉴욕증권거래소 상장이었을 겁니다. 쿠팡은 한때 무려 100조 원의 기업가치를 인정받았을 정도로 상장을 성공적으로 마무리 지으면서, 대한민국을 깜짝 놀라게 합니다. 상장 직후 시가 총액이 코스피 기준으로 2위까지 올랐을 정도였습니다.

쿠팡이 이렇게 상장 대박을 터트리자 사람들이 당황한 이유는 잘 안다고 생각했는데 사실은 잘 몰랐다는 걸 깨달았기 때문입니다. 대한민국 국민치고 쿠팡을 단 한 번도 안 써본 사람이 오히려 드물 겁니나. 그 정도로 쿠팡은 우리의 일상 속에 깊숙하게 들어와 있던 서비스였습니다. 하지만 매번 로켓배송으로 주문하면서도 쿠팡의 가치에 대해서는 정작 모르고 있었다는 겁니다. 우리가 뉴스에서 접한 거라곤 쿠팡의 적자가 심각하다는 것 정도였는데, 저렇게 높은 기업가치를, 그것도 미국에서 인정받다니 신기하지 않습니까?

더욱이 재테크 열풍, 그것도 주식 투자가 인기를 끌면서 우리도 기업을 분석할 일이 많아졌습니다. 그런 만큼 매일 이용하는 온라인 쇼핑몰과 트렌드 정도는 알아야 하지 않을까요? 하지만 이커머스 기업들에 대해 잘 알기 어려운 이유는 실체가 없기 때문이기도 합니다. 밥을 먹으러 음식점에 가면, 우리는 그 식당이 잘 되는 곳인지 파리 날리는 곳인지 바로 알 수가 있습니다. 손님이 몇 명인지, 얼마나 회전율이 좋은지 눈으로 볼 수 있기 때문입니다. 오픈 주방인 경우, 주방의 청결 상태도 알 수 있고, 식당 주인분이 얼마나 친절한지도 직접 겪으면 바로 판단 가능합니다.

하지만 이커머스는 다릅니다. 매장이 없고, 우리의 오감으로 직접 느낄 수 없습니다. 다만 막연히 알 뿐입니다. 따라서 다른 업종보다 오히려 더 알기 어렵습니다. 이러한 일을 방지하기 위해 이번 책을 쓰게 된 것이기도 합니다. 이 책을 읽으며 이커머스 시장에 대한 지식도 쌓는 한편, 앞으로 기업과 시장을 바라보는 눈이 조금 더 뜨이는 데 제 책이 도움이 되었으면 좋겠습니다.

이커머스에 대한 이해도를 높이기 위해 우선 1장에서 사업 구조와 수익 구조에 대한 이야기를 나눠볼 겁니다. 이커머스라는 개념으로 묶여 있지만, 그 안에도 다양한 업태들이 존재하고, 업태에 따라 사업 구조도 바뀌게 됩니다. 그리고 이러한 사업 구조는 바로 수익 구조로 연결됩니다. 결국 기업은 돈을 버는 것이 가장 중요하므로 우리는 어떤 사업으로 어떻게 돈을 버는가에 대해 배워야 합니다. 1장에서는 이 두 가지를 배움으로써, 이커머스를 완벽히 이해하기 위한 기초 지식을 쌓으실 수 있을 겁니다.

그리고 2장에서는 최근 뜨고 있는 커머스 트렌드에 대해 전달드리도록 하겠습니다. 트렌드를 알고, 미리 준비하는 자만이 미래에 성공을 거둘 수 있습니다. 따라서 소개해 드린 트렌드를 잘 준비하고 있는 곳이 결국 미래에도 살아남을 가능성이 큽니다.

또한 이어서 3장에서는 시장의 경쟁 구도에 대해 이야기해 보려 합니다. 트렌드를 쫓는 동시에 이커머스 기업들은 한국의 아마존이 되기 위한 치열한 경쟁을 펼치고 있습니다. 대체 이 경쟁에서 가장 중요한 요소는 무엇인지, 승리하는 자는 어떤 과실을 얻게 될지에 대해 이야기해 드리겠습니다.

마지막으로 4장은 이커머스 내 주요 서비스들을 다룹니다. 따라서 익숙한 이름들도 많이 보이실 겁니다. 주로 이들의 현재 상황과 미래 전망에 대해 이야기를 해보았는데, 결국 누가 한국의 아마존이 될지 나름대로 베팅을 걸어보시는 것도 재미있을 것 같습니다.

지금까지 이커머스에 대해 우리가 왜 알아가야 하며, 앞으로 책을 통해 그것을 어떻게 다룰지에 대해 이야기했습니다. 이제 본격적으로 이야기를 시작하려 하는데요, 드라마보다 더 재미있는 커머스 이야기 한번 늘어보시겠습니까?

차례

1장
이커머스의 사업 구조와
수익 구조를 먼저 알아야 한다

2장
이커머스 트렌드는
어떻게 흘러가고 있는가?

3장

이커머스 시장 경쟁에서
무엇이 중요한가?

4장

내일의 커머스를 이끌
주인공은 누구인가?

이커머스의
사업 구조와 수익 구조를
먼저 알아야 한다

  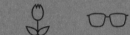

우리는 보통 그 사람의 직업에 대해 먼저 물어봅니다. 직업이 모든 것을 설명해주진 않지만, 직업만으로도 우리는 설사 처음 본 사람이라도 그에 대해 많은 것들을 알 수 있기 때문입니다. 커머스에서 직업에 해당되는 건 바로 업태입니다. 그래서 우리는 각각의 쇼핑몰들의 특성을 정의하는 업태에 대해 먼저 배워야 합니다. 그리고 우리가 업태에 대해 이해할 때, 사업 구조에 대해서도 완벽히 파악할 수 있습니다.

또한 이커머스 플랫폼들이 돈을 버는 방법에 대해서도 배워야 합니다. 뉴스에서 이커머스 기업들이 모두 적자라는 기사를 흔히 접했을 겁니다. 하지만 쿠팡은 그 막대한 적자에도 불구하고 상장에 성공하였고, 심지어 한때 100조 원 가까이 몸값이 치솟기도 했습니다. 그래서 우리는 시장의 트렌드와 경쟁 구도에 대해 이야기하기 전에 결국 어떤 쇼핑몰이 돈을 벌 수 있는가에 대해 먼저 알아야 합니다.

왜 모두가 오픈마켓에
진출한다고 할까?

2021년 연초부터 이베이코리아 매각 소식으로 유통업계는 때아닌 스토브리그를 보냈습니다. 이베이코리아는 G마켓과 옥션, G9과 같은 쇼핑 플랫폼들을 가지고 있는 회사로, 불과 수년 전까지 부동의 오픈마켓 1위 기업이었습니다. 그래서 이베이코리아 매각 뉴스에서도, 누구든 인수만 하면 오픈마켓 점유율 1위로 올라설 수 있다며, '오픈마켓'이라는 단어가 끊임없이 같이 소환되었습니다. 오픈마켓, 우리가 정말 많이 들어본 단어 중 하나입니다. 하지만 오픈마켓의 뜻에 대해서는 잘 모르는 분들이 많을 겁니다. 솔직히 일반인 분들은 물론이고, 커머스 업계에서 일하는 사람들 중에서도 오픈마켓을 명확하게 정의내리지 못하는 분들이 많습니다. 익숙하지만 쉬운 개념은 아니란 뜻입니다. 오픈마켓은 무수히 많은 커머스 업태

중 하나인데, 우리가 커머스에 대해 잘 알기 위해선 먼저 이와 같은 업태라는 것을 이해해야 합니다. 이름부터 낯선 단어, 업태. 지금부터 한번 알아가보지 않으실래요?

사람은 직업으로 말하고, 유통은 업태로 말한다!

"넌 커서 뭐가 되고 싶니?" 우리가 어릴 적 정말 자주 들었던 질문 중 하나입니다. 사람들은 도대체 왜 이런 질문을 굳이 하는 걸까요? 꿈이라는 것이 그만큼 한 사람의 삶에 있어서 정말 중요하기 때문이 아닐까 싶습니다. 알고 보면 우리의 삶은 정해진 직업에 따라 상당수 흘러가게 됩니다. 물론 직업이 삶의 모든 것을 말해주는 것은 아니지만, 직업을 아는 것만으로도 우리는 그 사람에 대해 많은 것을 알 수 있습니다.

그런데 직업은 사람에게만 있는 것이 아닙니다. 사람에게 직업이 있듯이 커머스에는 업태란 것이 존재합니다. 업태, 아무래도 단어가 어렵게 느껴지시죠. 단지 낯설어서 그런 겁니다. 알고 나면 어렵지 않습니다. 백화점, 대형마트, 편의점과 같은 단어들은 익숙하지 않으신가요? 우리는 이러한 것들을 통칭하여 업태라 부릅니다. 한번 상상해볼까요? 친구랑 번화가에서 만나기로 했습니다. 약속 장소에 도착했는데, 시간이 약간 남네요. 눈앞에 큰 건물이 보여서 잠시 들어가보려 합니다. 들어가 보니, 무언가 물건을 팔고 있습니다.

여기서 우리는 직관적으로 이곳이 어떤 업태인지 짐작은 할 수 있을 겁니다. 뭔가 화려하고 명품 매장도 보이면, 백화점이라는 것을 알 수 있습니다. 쇼핑 카트를 끌고 다니는 사람들이 여기저기서 보인다면 여기 웬 마트가 있었네 하실 거고요.

이처럼 우리는 직관적으로 오프라인 커머스의 업태를 어느 정도 구분할 수 있습니다. 하지만 온라인 커머스가 등장한다면, 우리는 아마 혼란에 빠지게 될 겁니다. 일단 직접 경험하는 것이 아니기 때문에, 특성이 뚜렷하게 와닿지 않습니다. 업태 분류도 종합몰과 전문몰, 오픈마켓과 소셜커머스, 버티컬커머스, SNS 커머스 등 다양한 용어가 너무 복잡하게 섞여 있어, 그 차이를 아는 건 저와 같은 현

〈도표1-1〉 2016년 11월 주요 유통업체 매출 동향

온라인 유통업체

- **온라인 유통업체**: 오픈마켓(26.4%), 종합유통몰(21.7), 소셜커머스(5.1%) 등 업종 전반에 걸쳐 큰 증가를 보이는 온라인 유통업체는 지속적으로 성장

  - **오픈마켓**: 오픈마켓에 입점한 백화점관의 프로모션 확대로 패션·의류 품목의 매출이 76.5% 증가하는 등 전체 매출이 26.4% 증가

  - **소셜커머스**: 매출 비중 23.4%를 차지하는 생활·가구 품목은 매출이 29.7% 증가하였으나, 경쟁업계인 오픈마켓의 프로모션 확대로 패션·의류와 서비스·기타 품목의 매출이 감소해 전체 매출은 5.1% 증가

  - **종합유통몰**: 매출 비중 29.5%로 높은 식품(28.0%), 패션·의류(18.0%) 및 스포츠(34.2%) 품목의 증가로 전체 21.7% 증가

(출처: 산업통상부)

직자들조차 결코 쉽지 않습니다. 더욱이 최근에는 새로운 업태들도 하루가 멀다 하고 등장하고 있으니까요.

　그런데 사실 불과 몇 년 전만 해도, 이커머스 시장의 업태 구분이 나름 뚜렷한 편이습니다. 온라인은 크게 오픈마켓, 소셜커머스, 종합몰 세 가지로 구분되었습니다. 그리고 서로 간의 차별화 포인트도 나름 명확했습니다. 오픈마켓은 셀러들이 자유롭게 판매해서 다양한 상품들이 있는 곳이었다면, 소셜커머스는 MD들이 직접 골라 상품 수는 적지만 혜택이 확실한 곳으로 인식되었습니다. 그리고 종합몰은 주로 오프라인 기반의 쇼핑몰로 브랜드 상품이나 고가 상품을 사는 곳으로 구분이 되곤 하였습니다. 그래서 산업통상자원부에서 발행하는 주요 유통업체 매출 동향 자료가 이렇게 세 가지로 구분되어서 나오곤 했었습니다. 그렇게 셋으로만 구분해도, 충분히 시장 파악이 가능했던 겁니다.

나만 빼고 다 오픈마켓이야!

그런데 어느 순간부터 이러한 구분이 의미가 없어지기 시작합니다. 변화의 시작을 알린 곳은 바로 쿠팡이었습니다. 쿠팡은 2017년 초 오픈마켓 전환을 선언하고 소셜커머스라는 굴레에서 벗어납니다. 뒤를 이어 티몬도 오픈마켓을 선언하였습니다. 유일하게 소셜커머스로 남아 있던 위메프마저 2019년에 오픈마켓 전환을 선언하며,

온라인 유통업체

- 설 명절을 앞두고 명절 선물 주문이 늘었으며, 사회적 거리두기 장기화에 따른 가전·전자, 생활·가구 등의 판매 호조가 지속되어 전체 매출이 증가(22.6%)

  - 설 선물 세트 수요 증가 등에 따라 농축산·가공식품 등의 매출이 크게 늘어 식품군의 매출이 온라인 매출 중 가장 큰 비중(25.5%)을 차지

  - 재택근무, 온라인 수업 확대 등으로 인해 가정에서 보내는 시간이 많아지면서 생활가전·가정용품 수요가 증가하여 가전·전자(43.3%), 생활·가구(22.1%)는 성장세를 지속

  - 반면 코로나19로 인한 외부활동 자제 등에 따라 패션·의류(△0.1%)와 공연·여행상품 등 서비스·기타(△14.2%) 매출은 감소

〈21년 1월 온라인 상품군별 전년 동월 대비 매출 증감률·매출 비중 (단위 : %)〉

구분	가전/전자	도서/문구	패션/의류	스포츠	화장품	아동/유아	식품	생활/가구	서비스/기타
매출증감률	43.3	42.9	△0.1	16.5	11.8	5.5	48.8	22.1	△14.2
매출비중	24.5	2.6	8.1	3.1	4.4	3.8	25.5	15.7	12.3

(출처: 산업통상부)

소셜커머스는 역사 속으로 사라집니다. 이로써 전체 온라인 시장의 과반수 이상은 오픈마켓으로 분류되게 되었습니다.

이때까지만 해도 이른바 소셜커머스 삼총사는 사실, G마켓, 11번가 등과 비슷한 온라인 태생의 채널이니 그럴 수 있다고 생각하는 사람들이 다수였습니다. 원래 둘은 잘 묶일 정도로 비슷한 업체들로 인식되었기 때문입니다. 그리고 어차피 MD가 상품을 직접 모아 판매하는 구조로는 확장의 한계가 있었기 때문에 언젠가 소셜커

머스는 모두 오픈마켓으로 전환할 거라고 모두들 예상하기도 했었고요. 하지만 모두가 당황하기 시작한 것은 롯데온이 오픈마켓으로 전환하겠다고 발표했을 때부터였습니다. 여기에 롯데에 뒤이어 SSG마저 오픈마켓 시장 참전을 선언하며, 하루아침에 주요 쇼핑몰들 모두가 오픈마켓이 되어버렸습니다. 이제 주변을 둘러보면 오픈마켓이 아닌 곳을 찾기가 더 어려워진 겁니다. 그래서 어떻게 되었냐고요? 산업통상부는 언제가부터 업태 분류 없이 통계자료를 내놓기 시작합니다. 더 이상 분류가 어렵다고 느낀 겁니다.

왜 모두가 오픈마켓이 되고 싶어 할까?

그렇다면 왜 모두가 오픈마켓이 되고 싶어 할까요? 그 이유가 궁금하다면 유일하게 흑자를 내는 플랫폼, 이베이코리아의 재무제표를 보면 알 수 있습니다. 이베이코리아는 G마켓과 옥션, G9이라는 플랫폼을 운영하며, 십여 년간 이커머스 1등 자리를 지켜온 강자입니다. 이들의 가장 무서운 점은 조 단위 이상의 거래액을 취급하는 플랫폼 중 거의 유일하게 흑자를 내고 있다는 점입니다. 2020년만 해도 추정 거래액 20조 원, 매출은 1.3조 원, 여기에 800억 원 정도의 영업이익을 거두었다고 하니 준수한 성적이지요?

이베이코리아의 흑자 구조가 가능한 이유는 크게 두 가지입니다. 먼저 가장 중요한 이유는 오픈마켓이라는 업태로 시작한 플랫폼

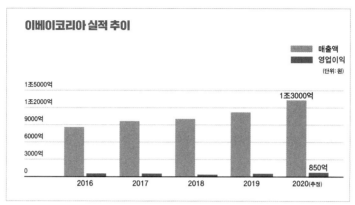

〈도표1-3〉 이베이코리아 5년간 실적 추이

이베이코리아 실적 추이

■ 매출액
■ 영업이익
(단위: 원)

1조5000억
1조2000억
9000억
6000억
3000억
0

2016　2017　2018　2019　2020(추정)

1조3000억

850억

(출처: 아시아경제)

이라는 점입니다. 오픈마켓은 말 그대로 열려 있는 시장입니다. 일정한 조건만 갖추면 누구나 들어와서 물건을 팔 수 있습니다. 그래서 법적으로는 이를 통신판매중개업이라고 칭합니다. 판매를 중개하는 게 바로 쇼핑몰이 하는 일인 겁니다. 중개만 하면 되기에 쇼핑몰이 직접 재고를 관리하거나 CS에 응대하지 않습니다. 정말 최소한의 일만 하는 겁니다. 그래서 비용을 아껴 흑자를 낼 수 있습니다. 2018년도까지 공개된 이베이코리아의 재무제표를 분석해보면 더 자세히 알 수 있습니다. 우선 매출원가는 매출의 절반 정도입니다. 거기서 판매관리비라 불리는 광고비, 쿠폰비 등을 제하면 이베이코리아가 얻은 영업이익이 나옵니다.

　그러면 대체 오픈마켓의 매출원가는 무엇일까요? 오픈마켓의 매출원가는 결제 수수료나 서버 비용 등이 해당됩니다. 모두 쇼핑몰

손 익 계 산 서

제 19 기 2018년 1월 1일부터 2018년 12월 31일까지
제 18 기 2017년 1월 1일부터 2017년 12월 31일까지

주식회사 이베이코리아

(단위 : 원)

과 목	제 19(당) 기		제 18(전) 기	
I. 매출액 (주석 18)		981,150,969,118		951,867,194,475
II. 매출원가 (주석 12, 18과 19)		526,925,867,891		471,842,964,020
III. 매출총이익		454,225,101,227		480,024,230,455
IV. 판매비와관리비 (주석 18과 19)		405,653,987,598		417,703,574,558
1. 급여	68,824,986,767		60,590,099,321	
2. 용역비 (주석 12)	777,932,987		1,416,672,860	
3. 퇴직급여 (주석 10)	7,585,885,817		6,416,791,571	
4. 광고선전비	170,455,214,428		182,146,218,423	
5. 무형자산상각비 (주석 8)	54,018,512,444		54,096,082,664	
6. 판매촉진비	18,723,277,111		27,663,609,061	
7. 지급수수료	42,802,475,041		41,398,864,839	
8. 주식보상비용 (주석 14)	13,883,208,811		13,392,216,020	
9. 복리후생비	13,430,411,570		13,158,267,726	
10. 임차료 (주석 12)	6,369,733,931		8,623,085,184	
11. 감가상각비 (주석 7)	3,212,107,739		3,140,662,280	
12. 대손상각비	198,910,912		70,671,896	
13. 여비교통비	630,306,953		670,163,106	
14. 교육훈련비	855,402,279		982,326,652	
15. 접대비	400,223,219		599,606,365	
16. 세금과공과	959,454,865		1,146,435,459	
17. 통신비	1,769,295,805		1,278,619,692	
18. 소모품비	211,484,895		561,781,892	
19. 보험료	183,824,135		185,145,685	
20. 도서인쇄비	18,304,986		17,375,401	
21. 운반비	77,835,818		75,853,846	
22. 잡비	265,197,085		73,024,615	
V. 영업이익		48,571,113,629		62,320,655,897

(출처: 이베이코리아 공시자료)

이라는 '시장'을 준비해야 하는 주최자가 부담해야 할 것들입니다. 그런데 이러한 비용들은 고정비적 성격을 가진 다는 게 중요합니다. 예를 들어 물류비는 택배 박스 하나가 더 나갈 때마다 같이 늘어납니다. 그런데 서버비는 셀러 한 명이 더 생긴다고 바로 증가하지 않습니다. 그 말은 곧 규모의 경제 구현이 쉬운 사업 구조를 가졌다는 뜻입니다.

여기서 두 번째 흑자 구조의 비결이 나옵니다. 이베이코리아는 시장을 선점하고, 규모의 경제 구현이 가능한 거래액 볼륨을 일찌 감치 확보하면서 안정적인 수익을 창출해 낼 수 있었습니다. 수년 전만 해도 시장에서 10조 원 이상의 거래액 규모를 가진 기업은 이 베이코리아가 유일하기도 했고요. 시장의 주도권을 상실한 현시점에도 매출액은 1조 남짓으로 작아 보이지만 이건 수수료 매출일뿐, 2020년 이베이코리아의 거래액은 20조 원으로 여전히 시장 3위 수준을 유지하고 있습니다.

여기서 잠시, 매출액은 뭐고 거래액은 또 뭐냐고요? 우리는 앞으로 커머스 이야기를 할 때마다 이 매출액과 거래액 이야기를 많이 하게 될 겁니다. 여기서 차이를 명확하게 이해하고 넘어가는 게 좋습니다. 우선 거래액은 영어로 GMV^Gross merchandise volume라고 부릅니다. 즉 거래가 일어난 상품의 가치를 모두 합친 금액을 뜻합니다. 어제 우리 오픈마켓에서 천 원짜리 생수 10병이 팔렸다면, 거래액은 만 원이 됩니다. 그렇다면 매출액과 거래액은 뭐가 다른 걸까요? 거래액 = 매출액인 경우도 많습니다. 판매 중개가 아닌 판매업을 한다면 어떻게 될까요? 하지만 오픈마켓은 단지 중개만 할 뿐입니다. 따라서 그들의 매출액은 거래가 발생할 때 얻는 수수료가 됩니다. 방금 전에 예시로 든 생수 거래에서 수수료가 10%였다면 우리 오픈마켓의 매출은 천 원이 되는 것입니다. 그래서 로켓배송을 통해 물건을 대부분 직접 파는 쿠팡은 거래액 규모는 이베이코리아와 비슷하지만 매출은 거의 10배인 13조 원을 넘나드는 겁니다. 하지만 쿠팡처럼 직접 매출을 일으키는 데는 비용이 많이 들기 때문에, 수익 실현은 어렵습니다. 쿠팡이 규모 면으로는 이베이코리아를 추월하고도, 여전히 적자인 이유가 여기에 있습니다.

오픈마켓은 아무나 하는 것이 아니야

이처럼 오픈마켓은 일단 수조 단위의 거래액을 만들기만 하면 흑자 플랫폼의 꿈을 이룰 수 있습니다. 하지만 그러한 거래액 규모를 만드는 과정은 무척이나 어렵지요. 우선 거래액을 성장시키기 위해선 더 많은 셀러와 상품을 확보해야 합니다. 따라서 론칭 초기에는 플랫폼을 붐업시키기 위한 엄청난 노력이 필요합니다. 심지어 이러한 노력은 후발 주자일수록 더 많은 비용을 들여야 합니다. 일단 한번 형성된 플랫폼의 선점 효과가 매우 강력하여, 따라잡기 매우 어렵기 때문입니다.

이베이코리아가 현재와 같은 위치에 올라선 것도 사실은 매우 극적인 일이었습니다. 이베이코리아는 이베이가 인수하여 운영하던 옥션과 인터파크의 소유이던 G마켓이 합병하면서 탄생하였습니다. 당시 이베이가 G마켓과의 경쟁이 아닌 인수를 선택한 것은 경쟁을 벌이면서는 돈을 버는 것이 어렵다는 걸 알았기 때문입니다. 그 둘이 셀러나 트래픽을 확보하기 위해 출혈 경쟁을 벌이면 아마 쿠팡처럼 적자 경쟁을 벌여야 했을 겁니다. 그래서 이베이코리아는 빠르게 가장 강력한 경쟁자를 인수하였고, 안정적으로 흑자를 낼 수 있었습니다. 합병 당시, G마켓과 옥션의 오픈마켓 점유율을 합치면 90%에 가까웠고요. 독점의 우려 때문에 공정거래위원회의 승인도 겨우 받았다고 합니다. 하지만 어려운 터널을 통과한 이후로는 아시다시피 승승장구였습니다.

반면에 이들보다 후발 주자였던 11번가에게는 꽃길이 펼쳐지지 않았습니다. 시장을 선점한 G마켓과 옥션을 따라잡기 위해 11번가는 수년간의 지속된 적자를 감수해야 했습니다. 심지어 SKT라는 대한민국 1위 통신사를 뒷배경으로 두었음에도 불구하고 말입니다. 물론 로켓배송을 앞세워, 물류 인프라 경쟁으로 판을 바꾼 쿠팡의 등장으로 인해 공고했던 이베이코리아의 아성도 무너지게 됩니다. 출범 당시만 해도 90%에 가까운 점유율을 자랑했던 이베이코리아는 현재 거래액 기준 3위 사업자로 전락했으니까요.

이게 글로벌 스탠다드란 말입니다

하지만 쿠팡의 오픈마켓은 아직 걸음마 단계에 불과합니다. 여전히 전체 거래액의 90%는 로켓배송에서 나오고 있기도 하고요. 이렇게 오픈마켓 전환 진도가 느린 것은 셀러들을 모으는 게 결코 쉽지 않기 때문입니다. 그러면 왜 쿠팡은 잘하는 로켓배송에 더욱 집중하지 않고, 오픈마켓을 기어코 성공시키려 하고 있는 걸까요. 더욱이 쿠팡의 롤 모델은 아마존이고, 아마존의 핵심도 물류 창고에서 직접 배송시키는 매출로 알려져 있는데 말입니다.

물론 아마존이 풀필먼트 역량을 가지고 성장한 것은 사실입니다. 풀필먼트, 즉 재고관리부터 배송, 반품/교환, CS까지 모두 아마존이 전담하면서 셀러들을 확보하고, 시장을 키워나갔습니다. 하지만 최근 몇 년간 아마존의 이러한 기조가 바뀐 것은 혹시 알고 계셨나요? 근래 들어 아마존의 성장은 서드파티라 일컫는 셀러들에게 의존하고 있습니다. 서드파티는 아마존 플랫폼에 입점해서 상품을 판매하는 셀러들을 아마존 내부에서 지칭하는 표현인데요, 아마존을 대표하는 행사인 프라임 데이에서도 서드파티 매출이 60%나 성장하면서 전체 성장을 주도할 정도로 그 중요성이 점차 커지고 있습니다.

이렇게 아마존이 서드파티에 집중하는 이유는 단순합니다. 돈이 되기 때문입니다. 수익성도 좋으면서 매출액을 키우기에도 유리한데 마다할 이유가 뭐가 있겠습니까. 비용은 많이 들지만, 품질 좋은 풀필먼트 상품을 미끼로 트래픽을 모으고, 이 트래픽을 미끼로 다시 서드파티를 끌어들이는 전략입니다. 이것이 시장에서 효과를 발휘하면서, 이베이가 주도하던 오픈마켓 시장마저 야금야금 잠식하고 있습니다.

아마존 바라기 쿠팡은 당연히 발 빠르게 이러한 전략을 받아들인 모양새입니다. 오픈마켓 전환 선언 이후 최근처럼 셀러 모집에 적극적으로 나선 적이 있나 싶을 정도인데요. 여기에 아마존 풀필

먼트 서비스인 FBA^{Fulfillment By Amazon}를 모방한 제트배송마저 새롭
게 리뉴얼 후 출시하며 속도를 내고 있습니다. 그동안 자체 로켓배
송 물량을 처리하기 바빠 풀필먼트 서비스는 엄두를 못 내던 쿠팡
이 어느 정도 여유가 생기자 드디어 이를 론칭한 것입니다. 아마존
도 서드파티를 급성장시킬 수 있었던 기반은 물류 강점, 특히 FBA
에 있었습니다. 쿠팡 역시 그동안 네이버나 이베이 등 다른 경쟁 오
픈마켓 대비 셀러 확보 경쟁에서 밀리던 것을 이러한 배송 인프라
로 이겨내려 하는 것으로 보입니다. 상장을 한 만큼 쿠팡에게 주어
진 과제는 이제 아마존이나 알리바바처럼 압도적 1등 플랫폼으로
올라서는 것입니다. 그러기 위해 더욱 거래액을 키워야 할 테고, 따
라서 이와 같은 판매자 확보는 필연적인 숙제라 할 수 있습니다.

뭉치면 살고, 흩어지면 죽는다

이에 반해 오프라인 유통업체들이 오픈마켓에 도전하는 이유는 조
금 더 절박합니다. 아무리 위기라 해도, 시장 경쟁 구도상 롯데나 신
세계는 그동안 어느 정도의 여유는 가지고 있었습니다. 우선 롯데
는 규모 면에서 꿀리지 않는다는 자신감을 가지고 있었기 때문입니
다. 이런저런 계열사들을 모두 모으면 8조 원 규모의 거래액을 가지
고 있기 때문에, 내심 어느 정도는 자신감을 가지고 있던 걸로 보입
니다. 반면에 신세계-이마트는 거래액 자체는 롯데보단 작지만, 그

래도 4조 원 정도로 나름 규모는 확보한 상황. 여기에 SSG라는 통합몰을 일찌감치 만든 데다가 쓱 마케팅으로 브랜드 인지도도 나름 높였기에 시장에 아직 기회는 남아 있다고 생각했을 겁니다.

하지만 작년부터 시장의 경쟁 구도가 급변합니다. 춘추전국시대에서 네이버와 쿠팡의 양강 구도로 빠르게 재편되어 간 것입니다. 네이버는 검색을 무기로 오픈마켓들의 플랫폼으로 자리 잡았고요, 쿠팡은 앞서 말씀드린 것처럼 배송 역량을 활용하여 판도를 뒤집었습니다. 반면에 기존 1위였던 이베이코리아는 안정 지향적 운영으로 도태되어 갔고요, 11번가도 내실 경영을 추구하며 경쟁력을 잃었습니다. 여기에 위메프와 티몬이 펼치던 할인 중심의 특가 데이/타임커머스 전략이 한계를 드러내자, 급격히 쿠팡과 네이버 쏠림 현상이 심화되기 시작한 거죠. 이 둘은 거래액 순위에서 나란히 1, 2위를 차지한 것은 물론 다른 경쟁사 대비 성장세도 가팔랐습니다. 더욱이 2021년 3월 쿠팡의 상장은 이러한 흐름에 쐐기를 꽂았다고 볼 수 있습니다. 그동안 적자라는 약점을 가지고 있던 쿠팡이 상장을 통해 5조 원 가량의 자금을 확보하며, 유통 시장 내 포식자의 입지를 다시 다진 겁니다.

이러자 여유롭던 롯데와 신세계는 골든타임에 쫓기게 됩니다. 지금 반등하지 못하면 온라인 시장에서 영원히 뒤처질 위기감을 느끼게 된 것입니다. 더욱이 작년부터 코로나로 인해 본진인 오프라인이 흔들리면서, 급격한 온라인 전환을 해야만 하는 상황이었습니다. 결국 선택은 하나. 빠르게 거래액을 늘려 덩치를 키워야 그나마 네이버, 쿠팡과 경쟁할 기회를 얻게 될 거라 판단한 것으로 보입니다. 무리하게 신세계가 이베이코리아 인수를 한 이유도 여기에 있습니다.

이러한 흐름은 북미 시장에서도 이미 확인되고 있습니다. 노드스트롬 등 온라인 전환에 나름 성공한 것으로 보이던 오프라인 유통기업들마저 하나둘씩 파산의 위기 속에 빠지고 있기 때문입니다. 여기서 유일하게 살아남아 오프라인의 희망으로 떠오른 곳이 월마트입니다. 바로 이러한 월마트가 적극적으로 오픈마켓 시장에 뛰어들고 있습니다. 풀필먼트 서비스를 론칭하면서 필사적으로 말입니다. 오픈마켓 진출만이 유일한 생로라 판단한 것이겠죠. 이러한 배경에서, 국내 오프라인 유통 기업들도 다소 무리하더라도 오픈마켓 전환을 시도하고 있는 겁니다.

유튜브보다 스토어?

그런데 더욱 신기한 것은 플랫폼들이 너도 나도 오픈마켓에 뛰어드는 이 시점에, 소비자들 사이에선 셀러 창업 열풍이 불고 있다는 점입니다. 2019년 직장인들의 최대 관심사는 뭐니 뭐니 해도 유튜브였죠. 유튜버들의 성공 사례가 화제가 되면서 나도 투잡으로 유튜브나 해볼까 하는 사람들이 많아졌기 때문인데요. 너도 나도 유튜브 채널을 만들고, 카메라를 사고, 영상 편집을 배우는 등 사회적인

(출처: 클래스101)

열풍까지 이어졌습니다.

　그런데 작년부터 이러한 열풍은 쇼핑몰 창업으로 옮겨 가는 모양새입니다. 유튜브의 구독자를 모아서 광고를 붙이는 건 너무나 어렵습니다. 하지만 쇼핑몰을 개설한다면 물건 하나만 팔아도 바로 돈을 벌 수 있기에 조금 더 현실적으로 보였나 봅니다. 그래서일까요? 2020년 한 해 동안 무려 30만 개나 되는 쇼핑몰이 새로 생겼다고 합니다. 이와 같은 쇼핑몰 부업의 시대를 맞이하여 신사임당 등 스마트스토어 관련 콘텐츠로 뜨는 유튜버까지 등장하는 등 연관 시장마저 들썩이고 있습니다.

셀러들의 전성시대

이렇게 올해 들어 셀러들의 수가 폭증하면서, 오픈마켓 전환을 선언한 기업들도 그나마 한숨은 돌리게 되었습니다. 신생 플랫폼으로서 가장 중요한 것은 초기 판매자 확보인데, 경쟁 플랫폼에서 셀러를 뺏어 오는 것보다 신생 셀러들을 유치하는 게 조금이나마 쉽기 때문입니다. 하지만 비교적 쉽다는 것이지, 초보 셀러들도 당연히 큰물에서 시작하고 싶어하지 않겠습니까. 그래서 오히려 네이버, 쿠팡과 같은 선도 업체들은 가만히 앉아서도 성장하고 있습니다.

따라서 후발주자들은 보다 적극적으로 셀러 모시기 경쟁에 나서고 있습니다. 수수료 혜택은 물론, 광고, 물류 지원, 빠른 정산 등 다양한 수단들을 총동원하고 있습니다. 앞다투어 소비자가 아닌 판매자 대상 광고를 집행하는 등 그동안 보기 어려웠던 마케팅 수단들도 등장할 정도입니다.

하지만 이 분야의 최강자 네이버는 확실히 너무나 강력하긴 합니다. 이미 예전부터 업계 최저 수수료에 파트너스퀘어로 상징되는 다양한 판매자 교육 및 지원 제공, 더욱이 정산도 정말 빠릅니다. 최근에는 가장 약점으로 지목받던 물류도 다양한 풀필먼트 스타트업에 투자하며 역량을 확보한 것은 물론, 스마트스토어 입점 업체들에게 이들 스타트업을 통한 풀필먼트 서비스까지 제공하고 있습니다. 그렇기에 아마 셀러 확보 경쟁에서도 다른 업체가 네이버를 이기기는 쉽지 않을 듯합니다. 있는 사람이 더한다고 최근에는 TV광고까지 하면서 굳히기에 나섰습니다.

여기에 결정적으로 CJ 그룹, 신세계-이마트 그룹 등과 연이어 전략적 제휴를 선언한 것은 신의 한 수로 보입니다. 우선 1위 택배사 CJ대한통운과의 시너지가 무엇보다 기대됩니다. 신세계 백화점이나 이마트를 통해 오프라인 사업자의 온라인 전환에도 앞서갈 것으로 보입니다.

골드러시 때는 청바지 장사가 돈을 법니다

그렇다면 네이버가 이커머스 시장을 모두 장악할 수 있을까요? 우리는 에이블리와 와디즈, 무신사 등을 통해 오픈마켓의 틀에서 벗어난 새로운 형태의 기회를 발견할 수 있습니다. 이들은 단순히 셀러를 모아서 플랫폼을 만드는 게 아니라, 새로운 형태의 서비스를 제공하며 차별화에 성공했습니다. 온라인 쇼핑몰을 열 수 있도록 돕거나(에이블리), 사업이 아닌 생산에도 도전할 수 있도록 기회를 만들어주기도 합니다(와디즈). 온라인 기반 브랜드의 성장을 돕는 사업 모델(무신사) 등을 만들면서 시장 내 영역을 넓혀가고 있습니다.

우선 에이블리는 C2C라는 새로운 모델로 성공한 국내 최초의 플랫폼입니다. 이제 오픈마켓에 겨우 익숙해졌는데, C2C는 또 무슨 업태일까요. 여기서 C는 Customer 즉 소비자를 의미합니다. 사실 오픈마켓을 비롯하여 기존의 사업 모델들은 보통 B2C라 불렀습니다. Busines to Customer, 즉 기업과 소비자 간 거래를 만들어 돈을 버는 사업이었습니다. 하지만 C2C는 소비자가 소비자에게 직접 파는 형태를 말합니다. 어떻게 이러한 사업이 가능한 걸까요. 에이블리는 도매로 상품을 가져와 일반 소비자들에게 보여줍니다. 셀러로 등록한 소비자들은 본인이 판매자가 되어 해당 상품을 에이블리 플랫폼에서 판매할 수 있습니다. 셀러들은 단지 상품 사진만 예쁘게 찍어서 올리면 됩니다. 배송부터 CS까지 모든 과정은 에이블리가 전담합니다. 셀러들은 판매된 금액의 일부를 수수료로 받아 돈을 버는 구조입니다. 보통 이러한 곳에서 셀러로 전환하는 사람들 대부분이 SNS에서 유명한 인플루언서들이라 흔히 SNS커머스라고 부르기도 합니다. 이러한 사업 모델은 근본적인 사업 방식의 변화를 이끌고 있습니다. 기존에는 플랫폼을 만들고, 트래픽을 모은 뒤 '좋은 상품을 가져와서 잘 팔아봐'였죠. 하지만 이제는 아예 '상품도 우리가 준비할게, 넌 잘 팔기만 해봐'로 바뀐 겁니다. 이러한 C2C 말고도 도매상 역할을 하는 B2B2C 플랫폼들도 흥하고 있습니다. 신상마켓, 도매꾹 등이 대표적입니다. 이러한 회사들은 셀러들이 늘어난 시대를 잘 타고 성장 중인데요. 마치 골드러시 때 청바지를 판 사람들이 돈을 벌었듯이, 셀러들에게 필요한 것을 채워주며 새로운 플랫폼으로 자리 잡고 있는 셈입니다.

셀러를 넘어 브랜드를 꿈꾼다면

사람들은 늘 더 높은 곳으로 올라가고 싶어합니다. 극소수에게만 해당되는 말이지만, 셀러로 성공하게 되면 엄청난 돈을 벌 수 있습니다. 하지만 사람들은 여기서 멈추지 않죠. 유명해진 셀러들은 명성을 얻고 싶어합니다. 즉 브랜드를 만들고 싶어하는 단계에 이르게 되는 것입니다. 그리고 놀랍게도 이러한 브랜드의 탄생을 돕는 업태도 존재하는데요. 바로 크라우드 펀딩과 온라인 편집샵입니다.

우선 크라우드 펀딩은 생산을 원하는 이들을 위한 플랫폼입니다. 판매자가 되는 길은 사입과 생산 두 가지가 있습니다. 사입은 도매시장에서 물건을 가져다가 마진을 붙여 파는 방법이고, 생산은 공장에 주문을 넣어 직접 만든 물건을 파는 방식입니다. 앞서 사입을 돕는 플랫폼은 이미 여럿 등장했다고 말씀드렸습니다. 하지만 사입은 누구나 접근 가능한 부분이다보니, 장기적인 경쟁력을 확보할 수는 없습니다. 그래서 사업을 키우다 보면, 당연히 제조를 꿈꾸게 됩니다. 하지만 제조는 상당히 어려운 분야입니다. 당연히 제품에 대한 전문지식, 특히 생산 공정에 관한 지식을 가지고 있어야 합니다. 설혹 그 분야의 전문가라 하더라도, 생산은 최소 수량이 존재하기에 엄청난 재고를 감당해야 할 자신이 있어야 합니다. 하지만 초보 셀러, 브랜드에게 그런 대규모의 재고를 단시간 내에 소화할 판로가 있을 리 없지요. 그래서 예전에는 모두들 백화점이나 대형마트에 입점하고 싶어 했던 겁니다. 다소 비싼 수수료를 물더라도, 들어만 가면 재고 소진이 가능하니까요. 그렇지만, 사실 신진 브랜드를 받아줄 유명 유통업체는 없지요. 이러한 빈 틈을 노린 것이 바로 크라우드 펀딩입니다. 자신이 만들고자 하는 물건에 대해 먼저 소개하고, 구매할 사람들을 사전에 모아, 생산을 하는 겁니다. 이런 방식이면 단기간 내에 많은 물량을 판매할 수 있기 때문에, 조금 더 쉽게 생산에 도전할 수 있게 됩니다. 국내에서는 와디즈가, 해외에서는 텀블벅이 대표적 플랫폼이라 할 수 있는데요. 와디즈는 2020년 거래액만 2천억 원이 넘었을 정도로 성장하고 있습니다.

온라인 편집샵은 이렇게 생산에 성공하여 브랜드로 올라선 이들과 함께 생태계를 만들어가는 플랫폼입니다. 대표적인 곳이 무신사라 할 수 있습니다. 이들은 주목받지 못한 신진 브랜드나, 아주 뚜렷한 취향을 가진 소수의 고객을 공략하는 브랜드 등을 주 고객으로 합니다. 이들은 너무 독특하거나, 아직 인지도가 낮아서 오픈마켓에서는 주목받기 어렵습니다. 하지만 온라인 편집샵은 이렇게 다양한 취향을 대표하는 브랜드들을 모아서 플랫폼을 만들고, 개별 브랜드들의 성장을 지원합니다. 그래서 이른바 힙함을 추구하는 고객들이 모이게 됩니다. 플랫폼과 브랜드가 동반성장하는 선순환 모델을 구축하게 됩니다. 따라서 플랫폼들은 이들 브랜드를 소개하는 PT나 쇼케이스라는 콘텐츠를 만들곤 합니다. 이렇게 무신사와 함께 성장한 브랜드는 커버낫, 디스이즈네버댓 등이 대표적입니다. 이들 브랜드는 이제 오프라인 백화점에도 입점할 정도로 덩치가 커졌습니다. 무신사는 유니콘으로 성장하였습니다.

독립을 선언합니다, 자사몰

이렇게 오픈마켓들이 우후죽순처럼 많아지고, 셀러들이 귀하신 몸이 되었습니다. 또한 셀러들을 위한 맞춤형 성장 프로그램들도 준비된 상황입니다. 그러면 셀러들이 브랜드로 성장한다면 어떻게 될까요? 언제까지 이들이 오픈마켓이나 편집샵에 머무르진 않지 않을까요? 고객은 많지만, 수수료가 점점 아까워질 게 분명합니다.

따라서 보통 덩치가 커진 브랜드들은 자사몰이라 불리는 자체 판매채널을 만들게 됩니다. 이를 공식 온라인 홈페이지라 부릅니다. 요즘 말로는 공홈이라 줄여 부르기도 합니다. 플랫폼과 이들 브랜드들의 관계는 공생 관계이자, 경쟁 관계이기도 합니다. 복잡미묘한 사이랄까요? 이 부분은 다음 챕터와 2장에서도 조금 더 자세히 다룰 예정입니다.

돌고 도는 이커머스 시장

지금까지 오픈마켓부터 시작해서 업태 이야기를 했습니다. 이야기에 이야기를 꼬리 물듯이 전해드려서, 정리가 잘 안 되실 수도 있을 것 같습니다. 놀라운 건 우리가 주요한 업태를 모두 한 번씩은 다루었다는 겁니다. 다시 한번 정리해보면, 판매 형태에 따라 중개만 하느냐 아니면 직접 판매하느냐로 나뉘며, 중개만 하면 오픈마켓입니다. 직접 판매만 하는 곳은 취급하는 카테고리가 소수냐, 다수냐에 따라 종합몰과 전문몰로 나뉘게 됩니다. 요즘 전문몰은 버티컬 커머스라고 부르기도 하고요. 여기에 유통이 아니라 본인의 브랜드 상품을 직접 판매하는 곳을 자사몰이라고 합니다. 다른 표현으로는 D2C^{Direct to Consumer}라는 용어를 사용하기도 합니다. 마지막으로 특수한 업태로서, 셀러 전환을 돕는 SNS커머스(B2B2C), 셀러들의 브랜드 성장을 돕는 크라우드 펀딩과 편집샵이 있겠네요. 이를 그림으로 정리하면 아래와 같습니다.

관리의 복잡도 때문에, 수익성을 내기 좋은 오픈마켓으로의 전환을 모두가 꿈꿉니다. 하지만 오픈마켓으로 성공하려면 셀러들을 모아야 하기 때문에, 셀러 모시기가 시장의 거대한 트렌드가 되고 있

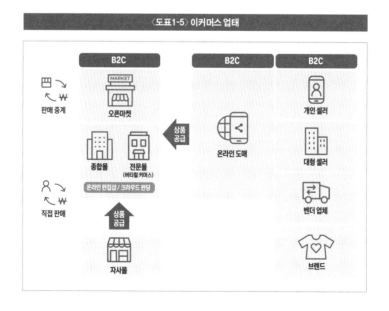

〈도표1-5〉 이커머스 업태

습니다. 이들 셀러에게 상품을 공급하는 온라인 도매나, 셀러 전환을 유도하는 SNS커머스가 새롭게 떠오르고 있고요. 그리고 셀러들도 지속적인 성장을 꿈꾸기에, 이들이 브랜드로 커갈 수 있도록 돕는 크라우드 펀딩이나 온라인 편집샵들도 무섭게 성장 중입니다. 마지막으로 덩치가 커진 브랜드들은 플랫폼에서 벗어나, 자사몰을 만들어 수수료 없는 수익 극대화를 추구합니다. 또 자사몰이 커지면 전문몰, 종합몰을 거쳐 다시 오픈마켓이 되려 합니다. 이러한 순환구조를 가진 이커머스 시장, 정말 재미있지 않나요?

내일은 고객 경험이 어떻게 바뀔까?

모두가 오픈마켓이 되고, 모두가 셀러가 되는 세상. 지금과 같은 변화가 지속된다면, 내일의 커머스의 모습은 어떻게 변해갈까요? 어떤 기업이 이러한 경쟁에서 승리할까도 중요하지만 이번 챕터에서 더욱 중요한 건 이러한 세상이 우리의 삶도 바꿀 거라는 겁니다.

코로나로 힘겨웠던 지난 1년, 우리는 동네 식당들부터 줄 서 먹는 맛집들까지 모두들 배달 시장에 나섰던 광경을 이미 보았습니다. 이러한 변화의 바람은 음식점에만 해당되는 건 아닙니다. 옷 가게들도 네이버 쇼핑 윈도우 등을 통해 온라인 판매를 하는 경우를 쉽게 볼 수 있었습니다. 사실 이러한 옴니채널 경험은 소수의 대형 플랫폼이나 기업에서만 체험할 수 있었지요. 하지만 내일의 모습은 달라지지 않을까요? 동네 슈퍼나 빵집에서도 온오프를 넘나드는 쇼핑이 가능해질 것입니다.

그뿐이 아닙니다. 우리가 맘만 먹는다면, 새로운 가게를 열거나 심지어 브랜드를 만드는 것도 해볼 만한 일이 되었습니다. 적은 팔로워 수가 모인 이른바 마이크로 인플루언서들은 무자본으로도 온라인 쇼핑몰을 쉽게 만들 수 있습니다. 심지어 예전처럼 동대문에 직접 갈 필요도 없지요. 클릭, 아니 터치 한 번이면 물건을 구매하고, 이제는 배송이나 CS도 직접 할 필요가 없습니다. 그러다가 뭔가 만들고 싶으면, 크라우드 펀딩을 통해 참여자를 모으면 되고요. 펀딩에 성공하면 플랫폼과 함께 유명 브랜드로 성장도 가능합니다.

결국, 우리 모두가 소비자이면서 생산자가 되는 시대가 찾아올 것입니다. 미래학자 엘빈 토플러가 말한 프로슈머의 시대가, 모두가 판매자이면서 소비자인 시대로 정말 실현될 날이 멀지 않은 것 같습니다.

왜 대부분의
쇼핑몰들은 적자인 걸까?

"우리는 매년 1조 이상 적자를 내고도 주주로부터 보전받을 수 있는 기업하고는 경쟁하려고 생각하지 않는다." 2020년 초 한 유통 기업의 경영진이 신문사와의 인터뷰에서 이러한 말을 했다고 합니다. 매년 1조 이상의 적자를 낸 기업은 우리도 매우 잘 아는 곳입니다. 바로 2021년 100조 원의 기업 가치를 인정받으며, 미국 뉴욕 증권거래소에 상장한 쿠팡인데요, 실제로 쿠팡은 2018년 4조 원대의 매출에 1조 원대의 영업 적자를 기록하였습니다. 하지만 쿠팡은 2020년에는 13조 원의 매출을 올리고, 적자는 약 6천억 원 수준으로 줄이는 데 성공합니다. 대체 쿠팡은 어떻게 돈을 벌기에 이렇게 드라마틱하게 영업이익을 개선할 수 있었을까요?

'이커머스 출혈 경쟁' 아마 이런 타이틀의 기사를 한 번쯤은 보신

적 있으실 겁니다. 이커머스 업계, 특히 플랫폼 업체들은 대부분 적자 상황에 처해 있기 때문입니다. 앞선 챕터에서 다뤘던 것처럼 조 단위 이상의 거래액 실적을 올리면서 안정적인 영업이익을 거두는 곳은 이베이코리아 정도입니다. 나머지 플랫폼들은 적자를 넘어서 자본잠식[1] 위기에까지 빠져 있습니다. 이러한 만성적인 적자는 쿠팡이 놀라운 성장에도 불구하고, 상장 직전까지 저평가받았던 이유이기도 합니다.

모든 기업이 존재하기 위해 가장 중요한 일은 돈을 버는 일입니다. 이커머스 기업들도 돈을 벌 수 있어야 영속할 수 있습니다. 따라서 우리는 쇼핑몰들이 어떻게 돈을 버는지 알아야 합니다. 특히 앞서 이야기 나눈 업태에 따라서도 돈을 버는 방법이 달라지기도 하고, 어떤 상품을 취급하느냐에 따라서 갈리기도 합니다. 그렇다면 진짜 돈을 버는 쇼핑몰은 무엇이 다른지 이야기해보도록 하겠습니다.

영업이익이 궁금하다면 골목식당으로

잠깐, 어떤 분들은 여기서 막히는 부분이 생겼을지도 모릅니다. 매출? 영업이익? 사실 우리에게 친숙한 개념은 아니니 말입니다. 경영학을 전공했으면 익숙한 개념일 텐데 아니, 대학에서 경영학을 배웠어도, 회계 수업에 집중하지 못했다면 설명하기 어려울지도 모릅니다.

---

[1] 영업 적자가 계속 쌓여 사업체의 순수 자산이 초기 자본금보다 적어진 상황

그래서 본격적으로 쇼핑몰들이 적자인 이유를 다루기 전에, 수익 구조를 해석하는 방법 먼저 알려드리려 합니다. 수익 구조도 업태처럼 알고 보면 쉽습니다. 우선 물건이나 서비스를 판매하는 금액을 우리는 매출액이라 부릅니다. 그리고 판매하는 물건의 원가를 매출 원가라 하고, 나머지 비용을 모두 판매 관리비라 칭합니다. 판매 관리비는 보통 줄여 판관비라 부르기도 합니다. 그래서 만들어진 공식은 다음과 같습니다. 아래 공식의 값이 양수이면 영업 흑자, 음수이면 영업 적자라고 하는 겁니다. 또한 0이 되는 지점을 우리는 BEP Break Even Point라 부릅니다.

매출액 — 매출원가 — 판매 관리비 = 영업이익

(영업이익 > 0 : 영업 흑자 / 영업이익 = 0 : BEP / 영업이익 < 0 : 영업 적자)

이렇게 이론만 나열하면 다소 어렵게 느껴질 수도 있을 겁니다. 개념이 너무 어렵게 느껴지신다면, 전 골목식당 방송을 몇 회 시청하시길 추천드립니다. 아니 갑자기 웬 골목식당이 등장하냐고요? 골목식당이야말로 사업의 기본적인 개념을 이해하는 데 매우 도움이 되는 프로그램이기 때문입니다. 골목식당의 히어로 백종원 씨는 매번 골목이 바뀌어도 항상 확인하시는 것이 몇 가지 있습니다. 가장 먼저 메뉴판에서 음식 가격을 확인합니다. 또한 사장님들과 이야기를 나눌 때마다 음식의 원재료 값 또한 체크하십니다. 이 두 가지를 통해 우리는 매출 총이익을 알 수 있습니다.

매출액 — 매출 원가 = 매출 총이익

 매출 총이익은 매출액에서 매출 원가를 뺀 금액을 의미합니다. 그리고 매출 원가/매출액을 원가율이라 부릅니다. 이처럼 음식 가격에서 음식의 원재료 값을 빼면 음식 하나를 팔았을 때 얻을 수 있는 매출 총이익을 알 수 있기 때문에 위의 두 가지를 확인하는 겁니다. 그리고 식당의 월 매출액에서 원가율을 곱한 금액을 제하면 음식을 팔고 남은 금액을 알 수 있습니다. 보통 여기까지는 웬만한 식당은 당연히 돈을 남깁니다. 다만 남기는 돈의 액수가 문제입니다. 그 돈으로 사장님과 종업원의 인건비, 매장의 임대료, 각종 공과금까지 지불해야 하기 때문입니다. 우리가 앞서 말한 판매 관리비가 바로 이러한 비용들을 의미합니다.

그렇다면 쇼핑몰들은 어떻게 돈을 벌까?

위의 공식을 이번엔 쇼핑몰에 대입해보겠습니다. 쇼핑몰에서도 기본적인 매출액과 매출 원가는 식당과 차이가 없습니다. 물건이 팔리면 매출이 생기고, 판매하는 물건의 원가가 존재합니다. 다만 판관비 영역에서 온라인 쇼핑몰은 오프라인과는 차이를 보입니다. 가장 먼저 좋은 점은 임대료가 발생하지 않는다는 겁니다. 식당 혹은 오프라인 상점의 비용 중 가장 큰 부분을 차지하는 건 매장 임대료입니다. 하지만 온라인은 판매 공간 자체가 필요하지 않기 때문에, 여기서 돈을 많이 아낄 수 있습니다. 그래서 많은 사람들이 온라인 쇼핑몰은 돈 벌기 쉬울 것이라 생각하곤 합니다.

하지만 온라인 쇼핑몰이 돈을 벌기 쉽지 않은 이유는 다른 곳에 있습니다. 오히려 매장이 없기 때문에 배송을 해야 한다는 점이 문제입니다. 혹시 소포를 보내 보신 적이 있으신가요? 물건을 포장하고, 택배를 붙이는 건 여간 번거로운 일이 아닙니다. 그리고 배송비도 따로 내야 합니다. 쇼핑몰도 동일합니다. 주문을 받으면 해당 물건을 찾아와서 포장을 하고 택배사에게 일정 비용을 지불하고 고객에게 배송합니다. 전문 용어로 주문 받은 물건을 찾아오는 과정을 피킹Picking, 찾아온 물건을 포장하는 작업을 팩킹Packing이라 합니다. 보통 이러한 피킹과 패킹 비용이 건당 최소 3~4천 원은 발생한다고 보면 됩니다. 여기에 배송비도 2천 원 내외 정도 붙으니까 우리가 주문하면 발생하는 비용이 최소 5천 원 이상이라는 겁니다.

더욱이 최근에는 대형 플랫폼의 경우 배송비가 무료라는 인식이 널리 퍼지기 시작했습니다. 과거에는 소비자에게 받은 배송비로 저런 비용들을 일부 상쇄하였는데, 이제는 점점 어려워지고 있는 겁니다. 그렇다고 매출 총이익을 많이 가져갈 수 있는 구조도 아닙니다. 온라인 쇼핑은 그 특성상 가격 비교가 너무 쉽기 때문입니다. 심지어 네이버 쇼핑을 통한 구매는 최저가가 아니면 아예 팔리지도 않습니다. 결국 셀러는 마진을 낮춰 판매해야 합니다. 이러다 보면, 물건 하나를 팔아도 앞서 말한 주문당 최소 비용인 5천 원을 못 버는 경우가 생기기 시작합니다.

　더욱이 규모가 작을 때면 그나마 고정비가 덜 들지만, 커지면 상황이 달라집니다. 배송비처럼 매출이 발생할 때마다 생기는 비용을 변동비, 그 외에 주문량과 상관 없이 발생하는 비용을 고정비라 하는데요, 식당의 경우 매장 임대료가 대표적인 고정비입니다. 이커머스에서는 보통 서버비나 물류 창고 비용이 대표적인 고정비입니다. 사실 규모가 작은 개인 판매자는 심지어 집에서 물건을 두고 팔수도 있습니다. 서버비도 카페24 같은 호스팅 서비스를 사용하면 추가적으로 발생하지도 않습니다. 그러나 대형 판매자들은 따로 물류 창고도 두어야 하고, 서버비도 많이 듭니다. 하지만 주문 건으로는 돈을 벌기는커녕 오히려 마이너스가 나는 경우도 있으니 도저히 비용 감당이 안 되는 겁니다.

쿠팡의 적자가 크고 아름다웠던 이유는?

그렇다면 유독 쿠팡의 적자 규모가 조 단위까지 커졌던 이유도 따로 있을까요? 그렇습니다. 쿠팡은 매우 특수한 형태로 사업을 영위하였기에 적자 규모도 남달랐습니다. 대개의 회사들은 배송을 아웃소싱에 맡깁니다. 택배업체들에게 건당 비용을 지불하고 배송을 대행시키는 겁니다. 보통 이러한 비용은 대형 사업자일수록 협상력이 발휘되어, 지불 단가는 더욱 낮아집니다. 심지어 오픈마켓들은 중개만 하기 때문에 아예 배송 과정에서 빠져 있기도 합니다.

하지만 쿠팡은 두 가지 측면에서 다른 면모를 보입니다. 우선 대부분의 거래액을 직접 물건을 사입하여 판매하는 형태로 일으킵니다. 제조기업으로부터 물건을 사서 쿠팡의 물류 창고에 넣고, 주문이 오면 직접 피킹과 패킹을 하여 출고시키는 형태인 겁니다. 그리고 두 번째로, 쿠팡은 배송을 직접 합니다. 과거에는 쿠팡맨이라 불렀고, 지금은 쿠친이라고 지칭하는 배송 기사들을 직접 고용하여 물건을 배송합니다.

이렇게 되자 배송 혁신이 일어납니다. 배송 혁신에 대해 알려면, 그 전에는 어땠는지부터 알아야겠죠. 쇼핑몰의 물건이 우리에게 배송되는 과정에 대해 먼저 알아 보겠습니다. 일단 주문이 들어오면 판매자들은 피킹과 패킹을 해서 출고 준비를 합니다. 그리고 이렇게 출고가 끝난 상품을 택배 기사 분들이 수거하여 보통 그날 자정 전까지 허브 센터로 가져 갑니다. 따라서 늦어도 이른 저녁이면 출고가 마무리 됩니다. 허브 센터에 모인 택배들은 지역별로 분류되어 다시 택배 기사분들에게 전해집니다. 이렇게 새벽에서 아침까지 서브 센터로 이동합니다. 그리고 마지막으로 서브 센터에 모인 상품들이 동네별로 나뉘고, 다시 택배 기사분들이 이를 주문한 고객의 집으로 배송하면 끝나는 겁니다.

따라서 배송 속도는 출고 시점에 따라 달라지게 됩니다. 예를 들어 오늘 주문이 당일 출고되는 경우, 우리는 내일이면 기다리던 택배를 받아볼 수 있게 됩니다. 그래서 일부 쇼핑몰들은 몇 시 이전까

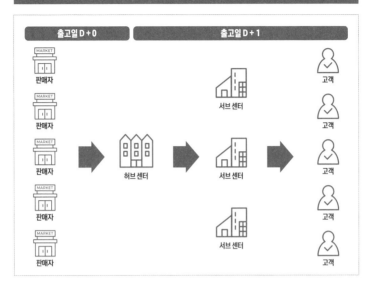

〈도표 1-6〉 택배 흐름도

| 출고일 D + 0 | 출고일 D + 1 |

판매자 · 판매자 · 판매자 · 판매자 · 판매자 → 허브 센터 → 서브 센터 / 서브 센터 / 서브 센터 → 고객 · 고객 · 고객 · 고객 · 고객

지 주문하면 바로 배송된다고 홍보하는 겁니다. 그리고 출고된 후에는 허브 센터와 서브 센터를 무조건 거쳐야 하기 때문에, 하루의 시간은 지나야 배송이 완료되었습니다.

하지만 쿠팡은 물류 창고도 직접 운영하고, 배송도 직접 하기에 속도 측면에서 앞서갈 수 있었습니다. 우선 물건을 본인들의 물류 창고에서 출고 시키다 보니, 빠른 출고가 가능해집니다. 오픈마켓은 판매자의 출고 시간을 강제할 수 없고, 따라서 천차만별이기 때문에 일률적인 서비스 제공이 불가능했습니다. 하지만 쿠팡은 스스로 출고 시간을 컨트롤할 수 있었기에, 표준화된 배송의 정시성을 보장할 수 있었습니다. 그리고 더 무서운 점은 배송도 직접 했다는 겁니다. 쿠팡은 대부분의 배송 건들이 물류센터에서 바로 캠프라 불리는 서브 센터로 이동합니다. 허브 센터를 거치지 않기 때문에 출고한 바로 그날 안에 배송을 마무리 지을 수 있습니다. 그래서 어떻게 되었을까요? 쿠팡은 출고를 새벽에 하면 됩니다. 그러면 전날 들어온 모든 주문이 주문 한 다음 날 배송이 완료되게 됩니다. 바로 이게 로켓배송의 핵심입니다.

전 상품 익일 배송이 보장되는 로켓배송은 이처럼 쿠팡이 물류창고와 택배를 모두 직접 하기에 가능했습니다. 그리고 쿠팡은 여기에 감성 한 스푼을 더합니다. 택배 기사들을 직접 고용했기 때문에 배송에 서비스 정신을 더한 겁니다. 손으로 쓴 포스트잇을 남기거나, 배송이 완료된 모습을 사진으로 찍어 전송하기도 했습니다. 아이가 있는 집은 벨 대신 문을 살살 두들겨달라는 요청에도 친절히 응대하였습니다. 빠른 데다가 친절하기까지 한 쿠팡의 로켓배송, 고객들의 반응은 당연히 열광적이었습니다. 이렇게 쿠팡은 로켓배송 덕분에 로켓 성장할 수 있었습니다.

하지만 쿠팡은 동시에 엄청난 적자를 안고 갈 수밖에 없습니다. 우선 물류센터들을 전국 각지에 지어야 했습니다. 허브 센터는 물론 서브 센터의 역할도 담당해야 했기 때문입니다. 그래서 엄청난 초기 투자 비용을 지불해야 했습니다. 여기에 더 큰 문제는 배송 과정이었습니다. 사실 쿠친의 차별화된 서비스가 가능했던 이유는 쿠팡의 배송 기사들은 정규 노동자로 정해진 월급을 받았기 때문입니다. 보통의 택배 기사들은 건별로 돈을 벌기 때문에 무조건 빠르게 배송을 완료

해야 했습니다. 하지만 쿠친들은 처리 물량과 상관 없이 정해진 월급을 받기 때문에 여유가 있었습니다. 대신, 쿠팡의 물류 비용은 기하급수적으로 증가합니다. 심지어 초창기에는 주문 하나당 배송 관련 비용이 만 원 가까이 나왔을 거라는 추정까지 있을 정도입니다. 보통 다른 회사들이 2천 원 이내의 비용을 지불했으니 쿠팡이 돈을 벌 수 없었던 이유를 이제는 이해하실 수 있을 겁니다.

규모의 경제는 마법사야

그렇다면 쿠팡의 적자는 어떻게 다시 줄어들 수 있었을까요? 앞서 잠시 말했던 골목식당 이야기를 통해 다시 설명드려볼까 합니다. 영업이익을 계산해보면 골목식당에 나오는 식당들의 상황은 매우 심각합니다. 대개는 영업이익이 너무 적거나 심지어 마이너스여서 폐업을 고민하고 있습니다. 그런데 여기서 백종원 씨가 내리는 솔루션들은 사실 대동소이합니다. 먼저 메뉴를 단순화하여 조리 속도를 빠르게 하여 판매할 수 있는 수량을 늘립니다. 그리고 가격을 낮춰, 더 많이 판매될 수 있게 만듭니다. 마지막으로 방송을 통해 자동으로 홍보 효과가 생기면서 손님이 몰리게 되고, 박리다매를 통해 사장님들은 위기에서 탈출하게 됩니다.

　우리는 이러한 것을 규모의 경제 실현이라 부릅니다. 규모의 경제는 마법과도 같습니다. 변동비보다 큰 매출 총이익을 만들 수 있

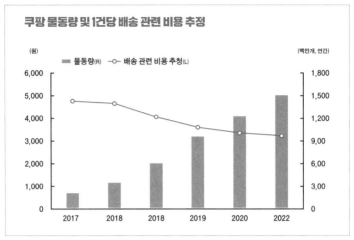

쿠팡 물동량 및 1건당 배송 관련 비용 추정

(출처: 미래에셋대우 리서치센터)

는 구조를 먼저 만듭니다. 이렇게 되면 물건을 팔 때마다 돈을 벌게됩니다. 버는 돈은 그리 크지 않아도 됩니다. 일단 벌기만 하면, 충분히 팔리면 고정비 이상의 돈을 벌어 적자에서 탈출할 수 있기 때문입니다. 쿠팡은 그동안 거래액을 키우는 데 엄청 집중해왔습니다. 거래액을 키우려던 이유는 물동량을 충분히 늘려, 쿠친들의 건당 배송 비용을 낮추기 위해서 였습니다. 규모가 늘어나자 변동비도 줄어드는 마법이 일어난 겁니다.

이러한 과정은 백종원 씨가 메뉴 수를 줄이고, 단순화하여 조리 과정의 효율을 올린 것과 동일한 원리입니다. 쿠팡의 이커머스 내 점유율이 늘어날수록 쿠친들은 감당할 수 있는 극한까지 물량을 받게 됩니다. 또한 동시에 하나의 택배를 전달하는 수고는 줄어들게 되는데요. 이유가 궁금하신 분은 아침 일찍 일어나서 공동주택의 복도에 가보시면 됩니다. 거기에는 높은 확률로 쿠팡의 로고가 새겨진 박스들이 듬성듬성 놓여져 있을 텐데요, 전 국민이 쿠팡을 이용하면 하나의 아파트 동에서만 수십 개의 택배 물량을 배달할 수 있습니다. 당연히 쿠친 1인당 효율은 올라가고, 건당 비용은 내려갑니다.

실제로 미래에셋증권의 보고서에 따르면, 물동량이 늘어날수록 쿠팡의 배송 관련 비용은 계속 내려가고 있습니다. 그리고 현재 그 수준은 타 플랫폼들의 평균 비용까지 거의 다다른 상황입니다. 이에 따라 쿠팡의 수익 구조는 개선될 수밖에 없습니다.

더욱이 배송 기사들의 처우 문제가 사회적인 이슈로 부각되면서, 쿠팡의 사업 구조는 탄력을 받고 있습니다. 현재 일반적인 택배회사처럼 건별로 과금을 지불하는 형태는 구조적으로 택배 기사들을 무리한 업무량으로 내몰 수밖에 없습니다. 그리고 치열한 커머스 가격 경쟁으로 그 단가마저 수년간 오르지 않았던 상황이었습니다. 오히려 쇼핑몰들은 지불하는 단가와 고객에게 받는 택배비 사이에 남는 돈을 일종의 백마진으로 가져가고 있었습니다. 하지만 택배 기사들의 과로사가 문제가 되자, 업계 1위 CJ대한통운을 시작으로 택배 단가들을 올리기 시작했습니다. 이러면서, 택배를 직접 하지 않던 회사들은 수익성이 일부 약화될 수밖에 없습니다. 하지만 쿠팡은 이러한 부분에서 자유로운 상황입니다. 물론 쿠친들이나 쿠팡 물류센터 직원들의 과로사 이슈가 남아 있는 상황이긴 하지만, 쿠팡은 상장을 통해 자본을 충당하면서, 추가 고용으로 이를 해결할 수 있는 여유가 생긴 상황입니다. 따라서 쿠팡은 빠르면 내년 정도 엔드디어 영업 흑자 달성이 가능할 것으로 보입니다.

비싸게 팔수록 돈 벌기는 쉽다?

지금까지 쇼핑몰이 돈을 버는 방법과, 적자의 아이콘 쿠팡의 수익 구조의 비밀에 대해 알아보았습니다. 이처럼 이커머스 사업은 흑자 구조를 만들기 어렵습니다. 하지만 그럼에도 불구하고 어디든 얄미운 모범생들은 있는 법 아닙니까. 시장 환경에도 불구하고 돈을 벌어 타의 부러움을 자아내는 플랫폼들은 존재합니다.

그중에서도 남들이 봤을 때 가장 배가 아픈 곳은 아마 고가의 상품을 취급하는 플랫폼들이 아닐까 싶습니다. 이들은 물건의 특성상 돈을 비교적 쉽게 법니다. 이커머스의 변동비는 주문 한 건당 발생하고, 크게 피킹/패킹 비용과 배송 비용으로 이뤄졌다는 것은 이미 말씀드린 바 있습니다. 그런데 예를 들어 명품을 판매하는 플랫폼이라면 솔직히 피킹/패킹, 배송 비용 모두 우스운 수준입니다. 판매 금액의 1%만 수익으로 남겨도, 이를 충당하고도 남으니 말입니다.

이러한 구조를 꿰뚫어 본 곳이 바로 마켓컬리입니다. 물론 마켓컬리는 아직도 적자 기업입니다. 하지만 쿠팡처럼 물류를 직접 하는 데다가, 더욱이 배송당 비용이 많이 드는 신선식품을 주로 취급하는 것치곤 선방하는 편입니다. 왜냐하면 마켓컬리는 사업을 기획하던 초기부터 프리미엄 식료품 마켓을 표방하면서 주문당 수익 구조를 신경 썼기 때문입니다. 대형마트처럼 저렴한 가격으로 승부하기보다는 비싸도 사는 고급 식자재에 집중한 전략을 차용했고, 이를 통해 직접 물류를 하는 비용을 커버하고자 했습니다.

반면 이 같은 시장 환경 때문에 온라인에 진출하고 싶어도 하지 못하는 기업도 있습니다. 대표적인 곳이 다이소입니다. 다이소는 아시다시피 팔리는 상품의 대부분이 만 원 미만의 저가입니다. 따라서 아무리 계산을 하더라도 물류 비용을 감당할 수 있는 구조가 만들어지지 않습니다. 유일한 방법은 고객의 주문 단가가 올라가는 것뿐인데, 다이소에서 돈을 몇 만 원 쓰는 건 정말 어려운 일이지요. 그래서 다이소는 어쩔 수 없이 온라인보다는 오프라인에 집중할 수밖에 없었습니다. 이와 같은 오프라인 중심의 사업 구조 때문에 코로나 팬데믹에 큰 타격을 입어야 했습니다. 하지만 지금도 온라인 채널 확장에 뾰족한 방법을 찾진 못한 상황입니다.

우리 것이 제일이야

하지만 모두가 프리미엄을 표방할 순 없습니다. 그렇다고 네이버나 쿠팡처럼 거대한 규모의 경제를 구현한다는 것도 어렵습니다. 모두가 오픈마켓이 될 수도 없는 일이고 말입니다. 그럼에도 불구하고 이커머스 시장은 여전히 새로운 플레이어들로 넘쳐납니다. 돈을 버는 방법이 분명 있기 때문입니다.

온라인 쇼핑으로 돈을 벌기 어려운 건 택배 한 건당 발생하는 비용이 만만치 않기 때문입니다. 특히 단순히 물건을 떼어 와서 파는 걸로는 충분히 비용을 커버할 수 없기 때문에 문제가 생깁니다. 그러면 해결 방법은 간단합니다. 매출 총이익을 늘리면 되는 겁니다. 그리고 매출 총이익을 늘리려면 물건을 사입해서 파는 게 아니라, 직접 만들어 팔면 됩니다.

직접 제조하는 경우 원가율에 따라 차이는 나지만, 아무리 못해도 최소 30% 정도는 마진으로 남길 수 있습니다. 2만 원어치의 물건을 팔면 6천 원은 남길 수 있다는 의미니까, 변동비를 상쇄하고도 돈을 남길 수 있습니다. 특히 사입을 하는 경우 경쟁자가 많아 치열하게 최저가 싸움을 벌여야 합니다. 하지만 생산을 직접 하면 내가 가격을 컨트롤할 수도 있습니다.

그렇기에 브랜드들은 외부 플랫폼에 입점해서 수수료도 내고, 직접 물류 비용까지 감당해도 돈을 벌 수 있습니다. 상당수는 오프라인에서 매장을 운영하는 것보다 비용이 덜 든다고 말하기도 합니다. 특히 백화점 같은 오프라인 유통 채널의 수수료도 만만치 않기 때문에 온라인 채널이 돈이 된다는 표현이 나온 겁니다.

하지만 플랫폼 사업은 아예 상황이 다릅니다. 직접 물류 비용을 지불하지 않고 중개만 하더라도, 서버 비용이나 마케팅 비용을 감당하기 쉽지 않습니다. 수익 자체가 판매 금액의 10% 내외인 수수료 매출을 기반으로 하기 때문입니다. 그래서 이들은 PB^{Private Brand} 상품을 만들어 부족한 수익을 확보하고자 합니다.

PB 상품은 우리가 자주 가는 편의점에서도 볼 수 있습니다. PB 상품의 생산과정은 다음과 같습니다. 유통업체에선 보통 인지도 있는 브랜드를 가지지 못한 생산자들을 만나 제조를 맡깁니다. 그리고 자기네들 이름을 달아 유통을 시킵니다. 제조원가 대비 일부 마진만 제공하기 때문에, 유통업체 입장에서는 일반 업체들의 상품보다 싸게 들여올 수 있습니다. 그리고 브랜드 파워가 조금 부족하더라도, 일단 유통업체의 브랜드를 달면 어느 정도 보완이 되고요. 여기에 매장 내 눈에 잘 띄는 곳에 진열하면 팔리는 원리입니다. 온라인도 이러한 프로세스는 거의 동일하게 진행합니다. 쿠팡이 만든 탐사수가 대표적인 PB 사례입니다. 어느 순간부터 쿠팡에선 삼다수보다 탐사수가 더 잘 보이기 시작한 것도 우연이 아닌 겁니다.

이렇게 PB를 통해 흥하고 있는 플랫폼이 바로 무신사입니다. 무신사는 대표적인 흑자 플랫폼으로 널리 알려져 있습니다. 무신사가 돈을 벌 수 이유는, 원래는 온라인 편집샵이고 패션 카테고리를 취급하다 보니 수수료가 높았기 때문입니다. 기본적으로 패션 카테고리가 수수료가 높은 데다가, 편집샵 형태로 무신사는 이보다도 더 높게 책정했었습니다. 하지만 조 단위의 거래액을 올리면서도 고정비가 늘어나고, 타 플랫폼과의 경쟁을 위해 어마어마한 광고비를 지불하면서도 여전히 흑자 기업으로 남아 있는 데는 무신사 스탠다드라는 PB 브랜드의 역할이 컸습니다. 2020년에 무신사의 거래액은 1조 4천억 원으로 알려져 있는데, 이중 거의 10%에 가까운 비중인 1,100억 원이 무신사 스탠다드의 매출액이었습니다. 이에 따라 무신사의 기업가치는 현재 2조 5천억 원까지 상승한 상황입니다.

모두가 1등을 바라는 이유

이와 같이 적자는 이커머스의 숙명과도 같은 것이고, 그렇기에 아마존처럼 계획된 적자가 경영전략으로 인정받기도 하고, 무신사와 같은 흑자 플랫폼 돌연변이들은 더욱 높은 기업 가치를 평가받기도 합니다. 특히 쿠팡의 상장 이후로는 적자에도 조금 더 관대해진 느낌이 드는데요, M&A 시장에 매물로 나온 이커머스 기업들의 평가가 올라가고 불투명했던 일부 플랫폼들의 상장도 긍정적인 전망이 많아지고 있습니다.

하지만 이렇듯 적자임에도 불구하고 모두가 여기에 불나방처럼 달려드는 근원적인 이유는 따로 있습니다. 우선 온오프라인을 통틀어 유통 사업이라는 것은 독과점 기업만이 살아남는 특성을 가지고 있긴 합니다. 규모의 경제라는 요소가 강하게 작용하는 산업이기 때문입니다. 온라인은 심지어 1등 플랫폼만 살아남는 경우도 많습니다. 미국의 아마존, 중국의 알리바바가 대표적 사례입니다.

그 대신 온라인은 살아남은 생존자가 취하는 과실도 더 달콤합니다. 이는 IT 플랫폼 사업의 특성 때문입니다. 대표적인 케이스가 국내 IT 기업의 양대 산맥 네이버와 카카오입니다. 검색 포털이나 모바일 메신저는 네이버와 카카오톡 말고도 많았습니다. 하지만 결국 살아남는 것은 둘뿐이고, 이들은 단지 검색과 모바일 메신저 시장만을 상으로 받지 않습니다. 둘 다 쇼핑, 콘텐츠는 물론 심지어 금융까지 그 영향력을 확대하고 있습니다. 모인 트래픽이 곧 이들의 사업 기반이 되었기 때문입니다.

아마존도 마찬가지로, 아마존드Amazonned라는 신조어가 생겼을 정도로 진출하는 사업마다 시장 질서를 무너뜨리고 있습니다. AWS라는 아마존의 효자 사업이 쇼핑몰의 서버를 관리하던 부서에서 나온 것도 잘 알려져 있는 사실이고요. 알리바바도 본업인 쇼핑은 물론, 이제는 금융기업이라 불러도 이상하지 않을 정도로 사업을 확장한 상황입니다. 국내 이커머스 시장의 패권을 노리는 이들도 이러한 과실을 염두에 두고 있기에, 적자 규모에도 과감히 베팅을 하고 있는 겁니다.

내일은 누가 살아남을까?

오늘도 이커머스 1위를 노리는 수많은 플랫폼들의 도전은 계속되고 있습니다. 물론 네이버와 쿠팡이 양강 구도를 형성하며 앞서가고 있는 것은 사실입니다. 하지만 이미 알리바바의 독주 체제가 완성되었다고 평가받던 중국 시장에도 핀둬둬라는 새로운 플랫폼이 트래픽 규모로는 1위에 올라섰다는 소식이 들린 것처럼 끝날 때까지 끝난 건, 아니 끝나더라도 영원한 건 없는 법 아니겠습니까? 한국의 이커머스 전쟁이 더욱 흥미로운 이유이기도 합니다.

그렇다면 내일의 생존자를 예측하기 위해, 우리는 무엇을 중점적으로 봐야 할까요. 먼저 나 혹은 주변 사람들이 고객으로 해당 쇼핑몰을 어떻게 바라보고 있는가가 중요합니다. 저는 수년 전부터 쿠팡은 절대 망하지 않을 거라고 주변에 말하곤 했는데, 가장 중요한 이유는 시장조사를 나가면 만나는 고객들이 모두 쿠팡을 사용해봤고, 또 그 경험을 긍정적으로 생각하고 있었기 때문입니다.

그래도 적자기업 아니냐고 말씀하시는 분들은 그때도 있었습니다. 하지만 지금은 적자가 나더라도 거래액이 커지면 흑자로 전환할 가능성이 있느냐가 더욱 중요합니다. 고객 경험과 피드백이 긍정적이면 매출은 계속 커져갈 테고, 그러면 결국 흑자 전환으로 이어질 테니 말입니다. 이것이 쿠팡이 결국엔 주식시장에서 고평가를 받은 이유이기도 합니다.

2장

이커머스 트렌드는
어떻게 흘러가고
있는가?

앞서 우리는 이커머스 업태의 특성과 그들이 어떻게 돈을 버는지 수익 구조에 대해 이야기를 나눴습니다. 이제 기본 지식은 어느 정도 배웠으니 응용 지식에 대해 알아보시는 게 어떨까요? 이커머스 시장은 정말 빠르게 변화해왔고, 최근 코로나19로 인해 그 변화의 폭과 속도는 더욱 빨라지고 있습니다.

그래서 뉴스에서는 온갖 소식이 쏟아지곤 합니다. 뭐가 뜬다, 이게 대세다, 시장이 이쪽으로 움직이고 있다 등으로 말입니다. 그중에서도 특히 중요한 키워드 네 개만 뽑아, 과연 진짜 트렌드가 맞는지, 핵심은 무엇인지, 그래서 어떤 걸 준비하는 기업들이 앞으로 시장을 주도해나갈 것인지를 다뤄보도록 하겠습니다.

매번 라이브 커머스가 대세라고 하는데, 진짜가 맞는지, 도대체 왜 유통 기업 신세계는 야구단을 인수하고, 거기에 쇼핑몰 SSG의 이름을 붙인 건지, 요기요를 버리면서까지 배달의민족을 인수한 이유는 무엇인지, 나이키는 왜 아마존과 이별을 택한 건지, 한 번쯤은 뉴스에서 들어보셨을 법한 이야기부터 시작해서 쉽게 이해하실 수 있도록 정리해서 전달드려보겠습니다.

라이브 커머스가
진짜 대세가 될 수 있을까?

바야흐로 라이브 커머스 시대가 도래했다

2020년 10월 티몬에서 오피스텔 분양권을 판매한다는 이색적인
소식이 들려왔습니다. 물론 소셜커머스에서 자동차나 보험상품까
지 판매한다는 것은 이미 수년 전부터 이슈화된 적이 있었습니다.
오피스텔 분양권도 그럴 수도 있겠지라고 넘어가려던 찰나, 기사를
자세히 읽어보니 일반 판매가 아니라 라이브 커머스라고 합니다.
방송 시간이 한정된 라이브 커머스로 그 비싼 오피스텔을 판다니
정말 대단하지 않습니까? 더욱이 그 전달에는 전기차 론칭슈도 라
이브 커머스로 진행했다고 하니 그저 놀라울 따름이었습니다.

이렇듯 하루가 멀다 하고 라이브 커머스 관련 기사가 나오고 있

습니다. 그리고 라이브 커머스를 전면에 내세우거나 새로운 성장 동력으로 키우는 곳도 티몬뿐이 아닙니다. 아니 우리가 아는 모든 커머스 플랫폼이 라이브 커머스를 시작했거나 준비하고 있다고 해도 결코 과장이 아닌 수준입니다. IT 업계를 대표하는 두 공룡 기업, 네이버와 카카오가 이미 제각기 라이브 커머스 서비스를 론칭하였고, 롯데로 대표되는 오프라인 유통 기업들도 매장에서 진행하는 라이브 커머스를 확대해나가고 있습니다. 그리고 쿠팡마저 라이브 커머스 관련 인원의 대규모 채용 계획을 발표하며 라이브 커머스 전쟁에 참전 선언을 하였습니다. 심지어 쇼핑 플랫폼뿐 아니라 배달 플랫폼 배달의민족도 라이브 커머스에 진출한 상황입니다. 이제 라이브 커머스는 단순한 트렌드를 넘어서 업계의 필수 서비스로 자리 잡아가고 있다고 할 수 있습니다.

지금은 맞고 그때는 틀리다

하지만 라이브 커머스는 사실 새로운 개념은 결코 아닙니다. 라이브 커머스는 쉽게 말하면 모바일 기반의 홈쇼핑입니다. 쇼호스트가 실시간으로 방송하며 물건을 판매하되, 대신 방송 시간 내 구매할 시 할인이나 단독 구성, 사은품 등의 혜택을 제공하는 것이 홈쇼핑의 판매 방식인데요, 혜택이나 추가 할인을 제공해야 하기 때문에 수익성은 낮되, 대규모 물량을 단시간 내에 판매하여 박리다매나

〈그림2-1〉 프로 방송인도 당황하게 만드는 라이브 커머스

(출처: 티몬 유튜브)

재고 소진에는 유리한 모델이었습니다. 다만 홈쇼핑은 TV 채널이라는 한계가 존재하였는데, 이 덕분에 시청자들은 쉽게 확보할 수 있었지만 시장 진입도 어렵고 심의도 까다로운 편이었습니다. 이렇게 허가를 받아 진입 가능한 구조였기에, 시장은 독과점 형태로 형성되었고 수수료는 업태 내 최고 수준이었습니다.

이에 반해 라이브 커머스는 모바일 기기 기반으로 누구든 어디서나 접근 가능하다는 장점을 지니고 있습니다. 따라서 주파수를 기반으로 한 홈쇼핑의 채널 독점을 깨트릴 수 있었습니다. 그래서 사업자도 진입이 쉽고, 판매자도 조금 더 낮은 수수료로 입점 가능한 형태였습니다. 또한 고객 관점에서도 쌍방향 소통이 가능하다는 장점을 가지고 있습니다. 라이브 커머스에서는 언제든 채팅창으로 진행자와 시청자가 실시간으로 소통할 수 있기 때문입니다. 심지어 방송을 보고 있으면 시청자끼리 소통하기도 합니다.

이와 같이 많은 잠재력을 가지고 있는 서비스답게 여러 기업들이 이미 수년 전부터 이에 도전해왔습니다. 대표적인 기업이 서두에서 언급한 티몬입니다. 티몬은 티비온이라는 서비스를 론칭하며 한때 라이브 커머스를 전면으로 내세웠습니다. 정해진 틀과 심의가 존재하던 홈쇼핑과 달리 티비온은 마치 유튜브 콘텐츠처럼 톡톡 튀는 매력을 가지고 있었습니다. 방송 중에 갑자기 스태프가 들어온다거나, 진행자가 온라인 커뮤니티에서나 통용되던 '드립'을 치기도 했습니다. 개그맨 정형돈이 본인의 이름을 건 돈가스 제품을 들고 출연했다가, 기존의 방송과는 너무 다른 무질서에 벙쪄버렸던 것이 대표적 사례입니다. 이 일은 유명해져서 여러 커뮤니티에서 회자될 정도였습니다. 이렇게 티비온은 한때 컬트적인 인기를 끌기도 하였고, 지금도 서비스 중이지만 냉정히 말해 아쉽게도 경쟁 판도를 바꿀 정도는 아니었습니다. 그뿐이 아닙니다. 유명인들이 진행하는 모바일 홈쇼핑이라는 컨셉으로 만들어진 우먼스톡이라는 플랫폼도 있었는데, 결국 성공하지 못했습니다. 모바일 홈쇼핑으로 물건을 소개하고 판매한다는 방식은 신선했지만 좀처럼 거래액이 늘지 않았던 겁니다. 결국 유명인들의 공동구매 플랫폼으로 사업 모델을 바꿨다가, 다른 업체에 매각되고 말았습니다.

이처럼 라이브 커머스는, 한때는 모두를 놀라게 한 재능이었지만 결국 잠재성을 터트리지 못한 만년 유망주에 가까운 모습이었습니다. 그리고 스포츠계는 물론, 비즈니스 세계에서도 이러한 사례는 정말 많습니다. 잊힌 유망주가 다시 스타로 돌아오는 일은 정말 드문데요, 2020년 라이브 커머스는 그 희박한 확률을 이겨내고 그라운드에 다시 화려하게 복귀합니다. 대체 무슨 일이 있었기에 상황이 이렇게 급변할 수 있었을까요?

인타임 백화점의 기적

2020년은 전 세계적으로 커다란 분기점이 될 사건이 있던 해로 기억될 겁니다. 우리 모두가 알듯이 바로 코로나19 팬데믹입니다. 코로나19는 사회의 모든 변화에 있어서 강력한 촉매제로 작용하였고, 앞으로 다룰 커머스의 트렌드들 또한 모두 영향을 받았습니다. 특히 다른 키워드와 달리 라이브 커머스는 코로나19와 특별한 공통점을 하나 가지고 있습니다. 그것은 바로 둘 다 중국에서 시작했다는 겁니다.

미국과 유럽 등 전 세계로 코로나19가 퍼져나가면서 오히려 중국이 가장 빠르게 경제 회복을 하고 있는 나라로 평가받지만, 2020년 초만 해도 중국의 내수경제 상황은 정말 심각했습니다. 특히 오프라인 커머스 업체들은 매출이 전년 대비 20% 수준으로 떨어질 정도로 생존 자체가 위협받는 상황에 처하고 말았습니다. 저장성 항저우를 중심으로 점포 65곳을 운영하던 인타임 백화점도 마찬가지였습니다. 코로나 확산 방지를 위해 아예 점포 문을 닫아야 했기

(출처: alizila)

때문입니다. 다행인 것은 인타임 백화점은 알리바바의 자회사라는 점이었습니다. 그래서 온라인 채널 활용에 능수능란했고, 이를 통해 반전을 일궈내는 데 성공합니다.

이렇게 타의적인 폐점 상황에서 인타임 백화점은 이미 뜨고 있던 라이브 방송, 이른바 라방에 주목합니다. 출근을 하지 못한 매장 직원들이 직접 팀을 꾸려 재택 라방을 시작하였는데, 이게 대박이 난 것입니다. 어느 정도였냐면, 2020년 2월부터 급락하던 실적이 회복 곡선을 그리더니 5월에는 무려 전년 수준을 회복했을 정도였습니다. 코로나 확산세가 주춤하면서, 매장 영업이 재개한 이후로도 라방은 이어지고 있다고 합니다.

이제는 집이 아닌 매장에서 라방이 진행되며 색다른 경험을 고객에게 제공하고 있습니다. 알리바바가 늘 외치던 신유통의 새로운 모습 하나가 라이브 커머스를 통해 등장한 셈입니다.

왜 중국에서 싹을 틔웠냐고요?

이러한 성공에 대해 인타임 백화점은 라방은 매장에서의 고객 응대를 온라인으로 옮겼을 뿐이라고 말합니다. 심지어 방송 진행자도 유명 쇼호스트가 아닌, 평범한 직원들이었습니다. 잘 만든 라이브 방송 하나가 일주일치의 매출을 일으키니 직원들도 오히려 신이 나서 참여했다고 합니다. 또한 시청하는 고객도 어디서든 편하게 마치 매장에서 쇼핑하는 경험을 누릴 수 있어서 만족하고, 여기에 주문하면 방송 종료 전에 배송되는 알리바바의 물류 인프라가 결합하니 폭발적인 성과로 돌아왔던 겁니다. 특히 직원들 3~5명이 모여 방송을 효율적으로 만들다 보니, 방송 수가 일 평균 200여 개. 이처럼 방송 수 자체가 많다 보니 매출 규모도 남다를 수밖에 없습니다.

물론 이러한 성공의 배경에는 중국은 이미 예전부터 라이브 커머스가 일상화되었다는 환경적 특성이 존재합니다. 우리가 이제 자동차나 오피스텔을 파는 수준이라면, 중국은 심지어 로켓을 판매했을 정도로 스케일 자체가 달랐습니다. 하지만 코로나19 이후 새롭게 등장한 인타임 모델은 기존의 것과는 또한 다른 가능성을 보여주었습니다. 우선 유명 인플루언서에 의지하지 않아도 성공할 수 있다는 것을 보여주었습니다. 그리고 개별 방송 제작에 엄청난 전문성이나 자본이 필요하지 않다는 것도 알게 되었습니다. 그래서 라이브 커머스는 특히 코로나로 직격탄을 받은 오프라인 업체들의 대안으로 떠오를 수 있었습니다.

상상이 안 되면 동네 사랑방을 떠올려보세요!

그러면 도대체 왜 사람들은 평범한 그들의 방송에 열광하고, 물건까지 구매하는 걸까요? 예전에 친구와 함께 길을 걷다가 한 작은 옷 가게에서 중년의 여성분들이 우르르 몰려 나오는 걸 봤던 적이 있습니다. 그 광경을 신기해하는 저에게 그 친구는 어릴 적에 자기도 동네 옷 가게에 어머니를 따라 많이 놀러 갔다던 이야기를 들려주었습니다. 매장이 동네의 사랑방 역할을 맡았던 겁니다. 그렇게 담소를 나누기 위해 방문한 이웃들은 자연스레 새로 들어온 옷들도 구경하고 구매도 하고 그랬을 겁니다.

새롭게 뜬 라이브 커머스의 구조도 이와 비슷합니다. 꼭 수천, 수만 명이 참여하지 않아도 됩니다. 호스트가 유명 인플루언서가 아니어도 괜찮습니다. 대신 나와 친밀한 관계를 맺고 있으니까요. 오히려 그렇기에 더 적극적으로 소통하고, 맞춤 상품도 제안해줍니다. 과거와 달라진 점은, 예전에는 직접 만나야만 가능했다면 이제는 방송을 통해 만날 수 있다는 겁니다.

결국 이러한 라이브 커머스 인기의 배경에는 IT 기술의 발전이 있습니다. 이제 우리는 스마트폰으로 손쉽게 촬영을 할 수 있고 4G, 5G 등 나날이 발전해가는 통신망은 실시간 영상을 끊김 없이 전송해줍니다. 예전에는 생방송 자체가 거대 방송국만이 가능한 콘텐츠였다면, 이제는 개인들도 어려움 없이 만들 수 있게 된 것입니다. 다만 그동안은 직접 만나면 되는데 굳이 방송을 켤 필요가 없었던 겁니다. 하지만 코로나로 인해 거리 두기가 강제되자, 방송을 통해 소통을 시작한 것뿐입니다. 일단 해보니 생각보다 효과도 좋고 편했던 겁니다. 그래서 코로나 유행세가 잠잠해진 중국에서 라이브 커머스 열풍은 사라지기는커녕 더욱 불이 붙고 있는 상황입니다.

매장이라 쓰고 스튜디오라 읽는다

이와 같은 트렌드를 가장 빨리 포착하고 도전한 곳은 아이러니하게도 그동안 변화에 뒤처져 있던 오프라인 유통업체들이었습니다. 그중에서도 가장 빨랐던 것은, 이러한 상황을 마치 선견지명이라도 한 듯 미리 준비하고 있던 롯데였습니다. 이미 2019년 12월부터 롯데백화점은 100Live라는 라이브 커머스 서비스를 론칭하였습니다. 소스라이브라는 회사와 협업하여 자사 앱과 웹에 라이브 기능을 붙인 구조로, 보통 쇼호스트가 진행합니다. 아직은 매장 매니저가 직접 방송을 하기보다는 자체적인 홈쇼핑의 성격이 강했던 겁니다.

그리고 이렇게 롯데가 포문을 열자, 신세계는 네이버의 자회사 잼라이브와 협업하여 퀴즈쇼 형태의 라이브를 진행하면서 대응합니다. 여기에 명품 중심의 갤러리아까지 오프화이트와 협업하여 2020년 9월에 방송을 진행한 것은 물론, 향후 갤러리아몰에 기능을 추가할 계획이라고 밝혔습니다. 라이브와 사랑에 빠진 건 백화점뿐이 아니었습니다. 아웃렛 중심의 이랜드도 유사한 서비스를 론칭하였고, 심지어 전통시장이나 호텔들까지 라이브 커머스 경쟁에 속속들이 합류하고 있는 상황입니다.

이와 같이 오프라인 기반의 업체들이 라이브 커머스에 앞다투어 진출한 이유는 바로 현장성에 있습니다. 특히 스튜디오가 아닌 매장에서도 양질의 방송을 송출할 수 있게 되면서, 이러한 부분이 주목받고 있습니다. 호스트는 마치 매장에 방문해서 본인이 쇼핑하는 것처럼 방송을 진행하고, 코로나 때문에 매장에 오지 못하는 고객들은 대리만족을 하게 되는 겁니다.

누구에게나 열린 라방

이렇게 라이브 커머스가 뜨자, 신난 것은 관련된 비즈니스 모델을 만들어가던 스타트업들이었습니다. 이들은 때아닌 특수를 누리며 급속도로 성장하고 있습니다. 대표적인 기업이 그립, 소스라이브 등인데요, 이들은 고객과 상품은 가졌지만 기술력은 부족한 전통적인 대기업들과 이런저런 협업을 진행하며 영향력을 키워가고 있습니다.

물론 이들 업체들이 단순히 보조적인 역할에만 만족하고 있진 않습니다. 이들은 단순한 기술 제공을 넘어서, 새로운 대안쇼핑, 플랫폼으로 성장할 거라는 큰 꿈을 가지고 있습니다. 그리고 가장 앞서 가는 곳은 역시 그립입니다. 앱 다운 수는 100만을 넘었고, 2020년 초 1,000여 곳에 불과하던 입점 업체는 10월 초 5,500여 곳까지 늘었습니다. 거래액도 상승 곡선을 그려 2020년 연간으로는 243억을 기록하였고, 2021년 1월에는 월간 거래액으로 무려 50억을 기록했다고 합니다. 이러한 그립의 가장 큰 특징은 일정한 심사를 거쳐야만 쇼호스트로 직접 판매할 수 있다는 점입니다. 즉 어느 정도 검증된 방송만을 선보이는 셈입니다.

그립에서는 방송을 진행하는 사람을 그리퍼라고 지칭하는데, 초기에는 그립이 직접 연예인 그리퍼를 섭외하였다면, 최근에는 비연예인 출신 스타 그리퍼들도 속속 등장시키며 대중화에 더욱 중점을

〈그림2-3〉 초기 연예인을 내세우다가 그리퍼 육성으로 방향이 바뀌었다

(출처: 그립)

두고 있습니다.

카카오의 라이브 커머스 모델도 이와 유사합니다. 일정한 심사를 거친 판매자만이 방송을 진행할 수 있습니다. 입점이 까다로운 대신 방송을 보고자 하는 고객들의 접근성이 매우 훌륭합니다. 카카오톡의 UI를 거의 그대로 쓰기에 사용이 편리하고 카카오톡 메시지 마케팅으로 시청자를 불러 모으기도 쉽습니다. 또한 방송 중간에 커뮤니케이션도 카카오톡 기반으로 이루어지기에 쌍방향 커뮤니케이션도 용이하다는 건 큰 장점입니다.

라이브 커머스는 진짜가 되어야 한다!

이처럼 라이브 커머스는 마치 거스를 수 없는 대세처럼 보입니다. 하지만 자세히 보면 만들어진 트렌드란 느낌을 지울 수 없습니다. 우선 기존의 홈쇼핑과 다른 점이 명확하게 드러나지 않습니다. 기존 홈쇼핑 업계에서 잘나가던 쇼호스트들이 라이브 커머스로 많이 넘어가고 있고, 방송도 기존에 하던 것과 동일하게 합니다. 단지 쇼호스트를 양성하는 학원의 간판이 홈쇼핑이 아닌 라이브 커머스로 바뀐 정도입니다.

물론 라이브 커머스는 홈쇼핑과는 다릅니다. 특히 방송이기에 어쩔 수 없이 생기는 제약으로부터 자유롭다는 것은 큰 장점입니다. 하지만 그렇기에 홈쇼핑과 같은 많은 시청자 수를 모으기가 어렵습니다. TV에 나오는 게 아니니까요. 트래픽이 모이지 않는다면 좋은 가격과 혜택을 공급업체로부터 받기가 어려워집니다. 어떻게 보면 대박 난 라이브 커머스 사례들은 굳이 라이브를 하지 않아도 잘 팔릴 상품들이었던 경우가 대부분입니다. 유명 인플루언서가 없다면 참여자 수도 보장받기 어려운 상황이어서, 일부 특수한 경우를 제외하면 사업 모델 자체가 지속성을 가질 수 있을까 의문이 듭니다.

그러다 보니 무엇보다 기대되는 모델은 네이버입니다. 네이버는 앞의 두 업체와 달리 30만이 넘는 스마트스토어 셀러들이 자유롭게 라이브 커머스를 진행할 수 있도록 서비스를 설계하였습니다. 정말 누구나 참여 가능한 라이브 커머스라는 점이 차별 요소인 셈입니다. 마치 원조 인타임 백화점처럼 해볼 만한 환경이 조성된 셈입니다. 이렇게 개별 방송당 매출은 작아도, 그 방송 수가 수만 단위로 늘어난다면 생각보다 더 빠르게 라이브 커머스는 성장할 수 있을 겁니다. 만들어진 트렌드가 아닌 진짜 트렌드로 말입니다.

3조? 4조? 그 이상도 가능하다

2021년은 라이브 커머스 시대의 원년이 될 수 있을까요? 이베스트 투자증권 리서치 센터에 따르면, 국내 라이브 커머스 시장의 추정 규모는 2020년 3조 원, 2021년은 4조 원으로 아직은 국내 전체 소비시장의 1%가 채 되지 못합니다. 하지만 성장 잠재력은 충분합니다. 옆 나라 중국의 라이브 커머스 시장 규모는 무려 381조 원. 전체 소비시장 내 비중도 3%에 가까운 데다가 여전히 무섭게 성장 중이기 때문입니다.

그래서 더욱 지금 우후죽순처럼 생겨나고 있는 라이브 커머스 서비스들의 실적이 중요합니다. 이들이 대박을 낸다면, 특히 네이버와 같은 열린 라이브 커머스 생태계가 성공을 거둔다면 증권사 전망치 이상의 성장도 충분히 가능할 겁니다.

불과 수년 전만 해도 우리는 오늘 주문하고, 다음 날 새벽에 물건을 받는 세상을 상상하지 못했습니다. 혹시 압니까? 몇 년 후 우리 모두 라방을 보며 장바구니에 물건을 담고 있을지 말입니다.

랜더스가 인천에
상륙한 이유는?

2020년은 코로나19로 인해 여러 산업별 희비가 엇갈렸던 한 해였습니다. 여행, 항공업계는 역대급 위기를 겪은 반면에 이커머스, 배달업계는 엄청난 호황을 누렸습니다. 온·오프라인뿐 아니라, 유통업계 내에서도 산업군 별로 다른 영향을 받았는데요, 특히 타격을 입은 곳은 패션업계였습니다. 옷은 새로 사지 않아도 상관없는 품목인 데다가, 외출이 줄면서 수요 자체도 감소했기 때문입니다. 반면에 꼭 필요한 생필품은 소비가 줄기는커녕, 실내 생활이 늘어나면서 오히려 증가했습니다. 그래서 오프라인 유통도 백화점은 타격이 컸던 반면, 대형마트는 오히려 실적이 개선되었습니다.

이처럼 시장의 변동성에 영향을 크게 받는 업종이 있는 반면, 비교적 안정적인 실적이 보장되는 업종도 있습니다. 사업을 하거나 투자를 하는 입장에선 당연히 리스크가 적은 곳을 선호합니다. 하지만 모두가 생필품을 팔 수는 없는 일 아닙니까. 그래서 특성 자체가 유행을 타는 카테고리를 주로 취급하는 경우, 최대한 변동성을 줄이는 방법을 찾기 마련입니다. 그러면 대체 어떻게 우리는 리스크를 줄일 수 있을까요?

답은 팬덤에 있습니다. 모든 제조기업들이 부러워하는 회사는 아마 애플일겁니다. 왜냐하면 애플은 강력한 팬덤을 보유하고 있고, 이들은 정말 안정적으로 애플의 제품을 구매해주기 때문입니다. 아이돌 비즈니스도 비슷합니다. 정말 수많은 문화산업이 코로나로 인해 타격을 입었습니다. 영화관도 공연장도 문을 닫거나, 문을 열더라도 1년째 정상 운영이 안 되고 있기 때문입니다. 하지만 아이돌 기획사들은 이러한 위기를 언택트 콘서트를 통해 돌파합니다. 많은 문화업계에서 온라인 공연을 시도했지만 의미 있는 비즈니스가 되고 있는 건 아이돌 그룹이 사실상 유일해 보입니다. 이러한 언택트 콘서트라는 새로운 비즈니스의 정착은 팬심으로 충분히 지갑을 열 준비가 되어 있는 팬덤이 존재한 덕분이 아닐까 싶습니다.

이 같은 포인트를 돈 버는 일이라면 제일 가는 커머스 업계에서 놓칠 일이 없습니다. 얼마나 강력한 팬덤을 확보했나에 따라 사업의 안정성이 좌우될 수 있다는 걸 깨달은 유통업체들은 이제 팬을 모으는 데 진심으로 다가서기 시작한 겁니다.

스토브리그, 드라마 아니었어?

이야기는 2020년 겨울을 강타했던 인기 드라마 〈스토브리그〉에서 시작됩니다. 드라마에서 만년 꼴찌 재송 드림즈는 대형 선수를 공격적으로 영입하며 스토브리그를 달구지만, 모두가 해외로 가는 전지훈련을 국내로 가는 등 모기업의 움직임이 심상치 않습니다. 결국 구단 관계자들도 모른 채 팀 해체가 전격적으로 결정됩니다. 물론 드라마답게 PF소프트라는 IT 기업에 인수되면서 극적으로 부활하여, 그해 바로 한국 시리즈에 오르면서 해피엔딩으로 마무리되지만 말입니다.

그런데 드라마 〈스토브리그〉를 똑 닮은 일이 현실에서 거짓말처럼 벌어졌습니다. SK 와이번스 야구단이 1,353억이라는 가격으로 갑작스레 이마트-신세계 그룹에 매각된 것입니다. 불과 몇 달 전 스토브리그에서 대형 FA 선수를 영입한 데다가, 코로나 때문이긴 하지만 전지훈련을 국내로 간 것조차 드라마와 비슷했습니다. 더욱이 〈스토브리그〉 촬영을 했던 경기장도 바로 와이번스의 홈인 SK행복드림구장. 정말 놀라운 평행이론 아닙니까?

신세계-이마트가 야구단을 탐낸 이유는?

하지만 이번 매각 소식이 모두를 놀라게 한 이유는 단지 드라마 스토리와 닮아 있기 때문만은 아닙니다. 이번 매각은 그 배경부터가 예전 사례와는 분명히 달랐습니다. 과거 다섯 차례 있었던 야구단 매각은 보통 모기업의 재정적 어려움이 주된 이유였습니다. 하지만 이는 와이번스를 운영했던 SK텔레콤에겐 해당되지 않는 일이었습니다. 그래서 오히려 아무런 징후가 없었기에, 모두가 깜짝 놀랐던 겁니다.

이번 일을 주도한 것으로 지목받는 것은 신세계 그룹의 정용진 부회장입니다. 매각 결정 자체도 SK 그룹의 최태원 회장과 정용진 부회장 간의 담판으로 이루어졌다는 설이 유력합니다. 실제로 와이번스 구단의 관계자들도 직전까지는 전혀 내용을 몰랐다고 합니다.

그렇다면 대체 왜 이마트는 갑자기 야구단 운영에 나선 것일까요? 정용진 부회장은 그룹 내에서 이마트와 이커머스 플랫폼인 SSG를 맡고 있습니다. 특히 야구단의 이름은 SSG 랜더스가 되었습니다. 따라서 이번 야구단 인수는 SSG를 중심으로 한 신세계-이마트 그룹의 재도약을 위한 전략적 행보의 일환으로 해석됩니다. 사실 그동안 국내 프로 스포츠는 그 자체만으로는 수익성이 없어서, 기업 총수의 취미 생활 혹은 일종의 사회 공헌 활동으로 여겨졌습니다. 그나마 최근 일부 K리그 구단은 아시아 챔피언스리그 등을 통해 의미 있는 홍보 효과를 거두었다고 평가받긴 했었지만, 프로야구는 철저히 국내용이라 그 파급효과가 제한적이었습니다. 따라서 야구단은 그룹 내 천덕꾸러기 신세가 되기 일쑤였습니다. 그렇지만 정용진 부회장의 생각은 달랐던 걸로 보입니다.

오히려 정 부회장은 야구단 자체가 충분히 마케팅 수단으로 매력적이면서, 특히 오프라인 이마트가 온라인 플랫폼들의 공세를 이겨낼 비장의 무기로 적합하다고 판단한 것 같습니다. 여기에는 세 가지 포인트가 있는데요. 우선 야구라는 종목 자체가 대표적인 도심 속 스포츠로 이마트와 핏이 잘 맞는다는 점입니다. 물론 프로축구와 달리 국내용이라는 한계는 분명 있지만, 내수 시장 비중이 절대적인 이마트에게는 단점이 아닙니다. 더욱이 최근 조금 하락세이긴 하지만 국내 전체 프로 스포츠 중 총 관중 수로는 가장 압도적인 것이 프로야구인 점도 감안했던 걸로 보입니다.

또한 프로야구가 MZ 세대가 좋아하는 스포츠라는 점에 정 부회장의 또 다른 노림수가 있습니다. 이미 수년 전부터 신세계-이마트는 미래 고객인 2030세대의 이탈을 걱정해왔습니다. 하지만 KBO는 다릅니다. 팬층이 노화되어가는 메이저리그와 달리 한국프로야구는 직관 관중의 60% 정도가 2030세대입니다. 따라서 앞으로 야구단 연계 마케팅을 공격적으로 펼쳐, 2030세대에게 어필할 것으로 예상됩니다.

마지막으로 체험형 매장을 구성하는 데도 야구단을 활용하지 않을까 싶습니다. 이미 정 부회장은 유통업을 엔터테인먼트 관점으로 재정의해야 한다고 지속적으로 주장해왔습니다. 그래서 대형마트의 경쟁자로 타사가 아닌 야구장이나 테마파크를 지목하기도 했습니다. 실제로 경기도 화성에서 테마파크 사업을 추진 중이기도 합니다. 그렇기에 야구단도 체험형 매장의 콘텐츠 중 하나로 적극 활

〈그림2-4〉 2021시즌 개막부터 팬심 공략은 시작되었다

용될 가능성이 높아 보입니다. 온·오프 경험을 통합시키는 이른바 신유통이 수년 전부터 업계의 화두로 떠오르고 있기도 하고, 야구장은 훌륭한 매개체가 될 가능성을 가지고 있습니다. 그래서 야구장 자체도 라이프스타일 센터로 진화시킬 예정이며, 장기적으로는 돔구장 건립까지 추진한다고 합니다.

왜 하필 이마트도 신세계도 아닌 SSG였을까?

처음 야구단 인수 소식이 들려왔을 때만 해도, 이마트 와이번스가 탄생했다는 기사나 글들이 많이 올라왔습니다. 신세계-이마트, 두 개의 사업부 중 이마트의 매출이 더 컸기 때문에 근거 있는 예상이었습니다. 하지만 정작 야구단의 이름은 SSG 랜더스로 정해집니다.

　SSG는 신세계-이마트가 지난 2014년에 만든 온라인 쇼핑 플랫폼입니다. 그리고 공유, 공효진 모델을 쓴 광고로 전 국민적인 인지도까지 얻습니다. 모두 '쓱'이라고 부를 정도로 말입니다. 하지만 네이버나 쿠팡의 팬들은 존재하지만 쓱의 팬들은 찾아보기 어렵습니다. 심지어 이마트몰은 여전히 고객의 인식 속에서 장보는 곳으로 잡혀 있습니다. 오픈서베이에서 진행한 가장 먼저 떠오르는 온라인 식료품몰 조사에서 식료품 구매 쇼핑몰 중 쿠팡, 마켓컬리에 이어 3위를 기록할 정도로 말입니다. 이 말은 곧 이마트가 가진 브랜딩의 힘과 팬들이 대단하다는 걸 의미합니다.

이처럼 팬은커녕 존재감조차 희미한 플랫폼은 오래 살아남을 수 없습니다. 그래서 이번 기회에 야구단을 지렛대 삼아 SSG의 브랜드를 키우고 팬들을 모으려고 하는 의도가 아닐까 싶습니다. 특히 구단의 운영을 통해 신세계몰과 이마트몰이 합쳐져 탄생한 만큼 자기만의 색깔이 약했던 SSG에 무언가 특성을 부여하려고 하는 것 같습니다.

랜더스는 고객의 마음에도 안착할까?

이러한 브랜딩을 위해 SSG 랜더스는 창단 초기부터 팬들과 적극적으로 소통하려고 노력 중입니다. 특히 정용진 부회장은 오디오 기반 SNS 클럽하우스에 직접 등판하여, 랜더스 인수 배경 및 포부를 밝히기도 했는데요. 롯데가 야구단을 가지고 있던 것이 부러웠고 본업과 연결시키지 못했다며, 랜더스는 다를 거라는 자신감을 보였습니다. 이러한 자신감의 동기는 물론 애초에 시작부터 전략적으로 접근한 것도 있지만, 분명 사회환경의 변화도 염두에 둔 것으로 보입니다. 팬심이 구매로 이어지는 세상이 도래했으니 말입니다.

그리고 신세계-이마트는 2021년 프로야구 개막부터 SSG 랜더스를 아주 살뜰하게 잘 활용하고 있습니다. 특히 온·오프라인 동시에 진행하는 랜더스 데이라는 할인 행사를 크게 열었고, 야구단의 이미지, 컬러 등도 적극 활용하고 있습니다. 물론 실제 성과는 시간이 조금 더 지나야 알겠지만, 의미 있는 시도임은 분명해 보입니다. 이미 스타벅스에서 만든 굿즈는 순식간에 동이 나기도 했을 정도니 말입니다.

한편 정용진 부회장이 팬심을 유통업에 활용하는 건 야구단만이 아닙니다. 심지어 본인마저 캐릭터화하여 활용하고 있습니다. 정용진 부회장 자체가 2021년 4월 기준으로 58만 명이 넘는 팔로워를 거느린 인플루언서로 유명합니다. 요리하는 사진을 자주 올리며 소통을 했었는데, 이를 바탕으로 용지니어스라는 캐릭터를 공개한 것입니다. 또한 본인을 닮은 제이릴라라는 고릴라 캐릭터도 선보였고, 유니버스 바이 제이릴라의 시작은 제이릴라 베이커리로 점쳐지고 있습니다. 이러한 파격적인 행보를 선보이는 이유는 정용진 부회장이 유통업계에서도 팬덤을 확보하는 게 중요하다고 판단했기 때문입니다. 특히 캐릭터는 소비 시장에서 팬덤을 모으는 가장 대표적인 매개체라는 점에서 더욱 주목받고 있습니다.

(출처: yj_loves 인스타그램)

라이언이 라인으로 간 까닭은?

이와 같이 캐릭터는 팬덤을 모으는 가장 훌륭한 도구 중 하나입니다. 그러면 캐릭터 사업은 유통에서 어떻게 사용되고 있을까요? 캐릭터를 앞세워 커머스 시장을 공략하는 대표적인 곳은 바로 IT 공룡 카카오입니다. 카카오는 카카오프렌즈라는 자체적인 캐릭터 IP를 보유한 걸로 유명합니다. 그렇다면 카카오를 대표하는 캐릭터로 무엇이 떠오르시나요? 아무리 요즘 죠르디가 인기라고는 하지만 카카오프렌즈를 대표하는 캐릭터는 뭐니 뭐니 해도 역시 라이언이 아닐까 싶습니다.

지난 2016년 카카오프렌즈의 새로운 멤버로 등장하여 폭풍처럼 인기를 끌었던 라이언. 라이언의 인기로 카카오의 여러 신사업들도 함께 흥행하자, 장난처럼 사내에서 붙여진 별명이 라 상무님이었습니다. 이에 카카오는 한술 더 떠, 정기 인사에서 아예 라이언을 전무로 승진시키기도 했습니다. 이 정도로 라이언은 카카오를 대표하는 상징이었습니다. 그러던 라이언이 지난 2020년 5월 경쟁사 라인의 스티커로 출시됩니다. 라인에서 라이언이? 모두들 놀랐지만, 자세히 살펴보니 일본 라인이어서 그럼 그렇지 하고 넘어갔던 것도 잠시, 이번에는 상대 진영의 대표 주자, 라인의 브라운이 카카오톡 이모티콘으로 출시됩니다. 이는 마치 DC코믹스의 배트맨과 슈퍼맨이 어벤져스에 카메오 출연하는 상황처럼 어색하기 그지 없습니다. 이처럼 이상한 일들을, 그동안 비즈니스의 부속품 정도로 여겨졌던 캐릭터가 그 자체의 사업성을 인정받았다는 신호로 여기면 너무 오버하는 걸까요?

알고 보면 고작 캐릭터라고 칭하기에는 오늘날 그들이 창출하는 가치가 너무나 큽니다. 2019년 라인프렌즈의 매출액은 2,000억 원 규모였고, 그보다 작지만 카카오프렌즈가 거둔 매출도 1,5000억이나 됩니다. 웬만한 중소기업 이상의 매출을 캐릭터들이 거두고 있는 셈입니다. 그뿐이 아닙니다. 캐릭터는 안 사던 물건도 사게 만듭니다. 2019년 선풍적인 인기를 끌었던 펭수가 성공시킨 콜라보 상품이 어디 한둘이었습니까? 특히 2020년 1분기 유튜브 리더보드 광고 10편 중 펭수가 등장한 것이 3편이나 될 정도로 그 파급력은 웬만한 톱 모델도 명함을 못 내밀 정도였습니다.

팬덤을 모아야 비즈니스를 만들 수 있다

물론 이런 현상은 전혀 없던 일이 새롭게 일어난 것은 아닙니다. 사실 팬을 모은 브랜드가 성공한다는 건 마케팅의 오랜 격언 중 하나이기도 했습니다. 앞서 언급한 애플은 물론이고, 할리 데이비슨 같은 브랜드들이 대표적인 케이스로 널리 알려져 있습니다.

하지만 현재의 트렌드는 그 양상이 과거의 깃과는 확실히 나틉니다. 예전에는 비즈니스 자체가 팬덤을 가진 모양새였습니다. 일단 브랜드가 만들어지고, 그 브랜드에 반한 사람들이 모이는 형태였습니다. 하지만 현재는 팬을 모아야 비즈니스를 만들 수 있다는 식으로 선후관계가 바뀌었습니다. 즉 사랑받는 브랜드를 만들기보다는 사랑받는 이가 만들게 맡긴 거라 할 수 있습니다.

이러한 방법론은 유튜브에서도 유사한 형태로 통용됩니다. 업계 관계자에 따르면, 콘텐츠보다 유튜버가 핵심인 경우 상업적 활용이 더 쉽다고 합니다. 팬 입장에서 스타가 뭘 하든 응원하고 싶기 때문입니다. 그에 반해 콘텐츠 자체가 메인인 경우 섣부른 상업 활동은 오히려 역효과를 낸다고 합니다. 구독자들이 기대하는 범주가 정해져 있고, 그것을 벗어나면 거부감을 느끼기 때문입니다. 예를 들어 카카오가 라인과 협업을 한다고 하면, 진지한 사업이 되어버립니다. 하지만 라이언이 라인에 떴다는 것은, 내 자식이 성공한 것처럼 신나서 응원하게 된다는 겁니다. 이처럼 일단 한번 팬덤을 만들면 확장성 측면에서 너무나 유리해집니다.

무엇보다 캐릭터가 우선 입니다

심지어 캐릭터는 커머스 플랫폼의 형태마저 바꾸고 있습니다. 2020년 11월 대대적으로 리뉴얼한 카카오프렌즈 스토어를 보면 세상이 바뀌고 있다는 걸 실감할 수 있습니다. 카카오프렌즈 캐릭터들의 굿즈를 판매하는 이 스토어는 원래는 일반적인 쇼핑몰과 다를 바 없었습니다. 하지만 리뉴얼한 후 쇼핑몰은 인스타그램처럼 싹 바뀝니다. 상품은 마치 SNS 게시물처럼 콘텐츠 형태로 묶여 소개되고, 고객들은 마치 인플루언서의 팔로워처럼 여기에 댓글을 답니다. 전혀 새로운 형태의 쇼핑몰이 캐릭터 때문에 등장한 셈입니다. 즉 강력한 팬덤을 보유한 존재라면 플랫폼보다 우선시될 수 있다는 점을 보여준 것이기도 합니다.

이러한 특성은 상품 기획 및 개발에서도 보이고 있습니다. 2020년에 와디즈가 라인과 손잡아 진행한 스타트업 인큐베이팅 프로그램이 대표적인 사례라 할 수 있습니다. 해당 프로그램은 와디즈가 엄선한 스타트업이 제품 출시를 할 때 라인의 IP를 활용할 수 있게 해주는 방식이었습니다. 즉 전문성은 스타트업의 역량에 맡겨두고, 대신 라인의 캐릭터들이 가진 확장성을 덧붙여 활용하는 영리한 전략이라 할 수 있습니다. 그래서 브라운 냉장고 등이 출시되었는데, 해당 펀딩은 무려 3.8억이 모이며 대성공을 거두었습니다.

이렇게 가능성을 엿본 기업들은 아예 조직구조도 팬을 공략하기 쉽게 바꾸고 있습니다. 카카오가 조직 개편을 통해 카카오프렌즈 사업을 그룹 내 커머스 관련 사업을 총괄하는 카카오커머스로 이관한 것이 대표적입니다. 커머스에서 카카오프렌즈 사업을 인계받아 진행한 첫 액션이 바로 앞서 말씀 드린 카카오프렌즈 스토어 개편이었습니다. 이제 앞으로는 카카오프렌즈 캐릭터가 커머스로 활용되는 모습을 더욱 쉽게 볼 수 있지 않을까 싶습니다.

하지만 사람은 위험해

이러한 팬덤 커머스에도 주요한 흐름은 있습니다. 특히 사람보다는 캐릭터와 같은 관리 가능한 무언가를 매개체로 팬을 모은다는 것이 가장 중요한 특징입니다. 과거에 이와 같이 팬을 모아 비즈니스로 성공한 대표적인 사례는 인플루언서 브랜드들이었습니다. 인스타그램이나 유튜브에서 뜬 인플루언서들이 자신들의 이름을 걸고 만든 브랜드나 쇼핑몰들이 이에 해당되는데, 한때 엄청난 인기를 끌었습니다. 특히나 전설로 남은 사례가 스타일난다입니다. 왜냐하면 스타일난다는 로레알에게 수천억 원대에 매각되면서 해피엔딩으로 마무리되었기 때문입니다.

하지만 수년 전부터 스타로 흥한 브랜드가 스타로 인해 망한 사례가 속속들이 등장하면서, 인기는 점차 사그라들게 되었습니다. 임블리 논란이 이를 상징합니다. 유명 인플루언서였던 임지현 전 대표를 중심으로 성장했던 브랜드인 임블리는, 공격적인 확장을 지향하다가 품질 논란으로 좌초하고 맙니다. 팬심을 바탕으로 사업을 진행했기에, 팬들이 돌아서자 사업의 기반이 무너집니다. 위기는 작은 문제에서 시작되었습니다. 본업인 의류에서 화장품 등 타 카테고리로의 다각화를 진행하다가, 일부 제품에서 문제가 발생한 겁니다. 하지만 여기서 대처를 잘못하면서 성장세가 꺾이고 말았고, 이후에도 임 전 대표가 여러 일들로 구설수에 오르면서 한때 1천억 원을 넘기며 승승장구하던 매출은 반토막 나고, 영업 적자로 돌아섭니다. 이외에도 팬덤 중심의 커머스가 확장성이 좋다고 무리하게 여러 영역으로 넓히다가 문제가 생기거나, 대표와 관련된 여러 구설수로 사업도 위기를 겪은 사례는 정말 많습니다. 하늘하늘이나, 안다르 같은 브랜드들은 나름 특정 카테고리에서 전문적으로 역량을 잘 쌓아왔지만 대표 리스크로 인해 어려움을 겪으면서 주춤하기도 했습니다.

이러한 일들이 계속 일어나자, 팬덤을 모으는 주체는 사람보다 리스크가 덜한 캐릭터로 옮겨지게 되었습니다. 캐릭터는 가상의 존재이기 때문에 인성이나 과거 논란이 나올 우려가 없기 때문입니다. 또한 직접 사업을 영위하기보다는 컬래버 형태로 추진하는 방식이 자리 잡으면서 전문성 부분도 보완하고 있습니다.

잘 만들면 팬은 알아서 따라온다

그러면 여기서 의문이 생길 수밖에 없습니다. 팬덤 커머스라는 건 기존에 존재하는 캐릭터나 스타들과 컬래버해야만 가능한 것인지 말입니다. 라이언은 물론이고, 정용진 부회장이나 야구단도 원래 있던 무언가와 커머스를 결합시킨 사례인 건 맞습니다. 하지만 바로 결론을 이야기하자면 전혀 그렇지 않습니다. 방법론만 빌려 직접 팬덤의 대상을 만드는 방식도 충분히 가능합니다.

그렇게 해서 대성공을 거둔 것이 바로 빙그레우스입니다. 빙그레

〈그림2-6〉 빙그레우스는 만들어진 스타가 가능하단 걸 보여주었다

(출처: 빙그레 인스타그램)

우스는 빙그레에서 광고를 위해 만든 가상의 인물입니다. 빙그레우스는 별다른 광고 없이도 MZ세대의 마음을 훔치는 데 성공하였고, 하는 행동마다 이목을 끌며 한마디로 대박을 냈습니다. 특히 다소 올드한 이미지였던 빙그레 브랜드가 한결 젊어지기도 했습니다. 이처럼 만든 캐릭터는 어디에든 활용할 수 있습니다. 고객과의 커뮤니케이션은 물론이고, 마치 진짜 스타처럼 굿즈를 출시하기도 했습니다. 가상의 인격을 만들고 세계관까지 이어 홍보 포인트로 삼는 방법은 신세계나 롯데 등 다른 기업들도 차용하는 등 인기를 끌고 있습니다.

그리고 팬덤 커머스를 꼭 캐릭터로만 풀 수 있는 것도 아닙니다. 어떠한 콘텐츠에든 잘만 붙이면 됩니다. 예를 들어 CJ가 만든 테이블웨어 브랜드 오덴세는 윤식당 덕분에 금방 인지도를 올릴 수 있었습니다. 그리고 오덴세가 얻은 것은 인지도뿐이 아니었습니다.

사실 나영석 PD가 만든 예능은 어떠한 정체성들을 가지고 있습니다. 특히 윤식당-윤스테이로 이어지는 시리즈에는 힐링과 정감이이라는 키워드가 녹아 있습니다. 그리고 그 특유의 분위기와 감성은 오덴세라는 브랜드에 그대로 녹아들었습니다. 아마 앞으로 윤식당 예능 시리즈는 사라지더라도, 오덴세의 정체성과 팬들은 남을 겁니다.

사야만 하는 이유를 만들기 어려울 땐 팬덤에 의지해라

우리에게 어느덧 굿즈란 단어는 매우 익숙해졌습니다. 보통 굿즈는 일반적인 상품이 아니라 팬들을 위해 특별히 제작된 것을 의미합니다. 그런데 특별히 제작되었다는 것과 달리 사실 굿즈의 실용성은 그리 좋지 못합니다. 그런데도 굿즈가 팔리는 이유는 필요해서 사는 게 아니라, 팬이라서 사기 때문입니다.

이러한 모습은 커머스에도 큰 시사점을 줍니다. 커머스의 기본은 고객이 물건을 사게 만드는 것입니다. 하지만 근래 들어 점점 물건을 사게 만드는 일은 어려워지고 있습니다. 특히 이커머스는 가격 비교나 상품 정보 탐색이 쉽기 때문에, 구매 전환에 더욱 공을 들어야 합니다. 더욱이 전자제품처럼 기능적인 차별화가 적은 외류나 소품 등의 카테고리는 매우 히트시키기 어렵습니다.

이러한 시대에 팬덤 커머스는 점점 더 각광받을 수밖에 없습니다. 어차피 비슷하다면, 팬심이 기우는 쪽을 구매하기 마련이기 때문입니다. 펭수가 한창 유행을 끌던 당시, 사무실 책상 전체를 펭수 관련 상품으로 꾸민 사람들이 종종 있었습니다. 그들은 사무용품의 교체가 필요했던 게 당연히 아니었습니다. 단지 펭수의 팬임을 보여주고 싶던 것일 뿐이었습니다. 그래서 모두가 그토록 펭수를 광고 모델로 모셔가려고 난리였던 것입니다. 아마 내일의 커머스는 이러한 모습이 더 많아지지 않을까 싶습니다. 결국 내일의 커머스는 팬을 가진 이들이 주도하게 될 것이기 때문입니다.

요기요를 버리고
배달의민족을 택한 이유는?

2020년 12월 28일, 요기요와 배달통의 운영사 딜리버리히어로와 배달의민족을 운영하는 우아한 형제들 간의 4조 7천억 원 규모의 인수합병은 결국 새드엔딩으로 끝마치게 되었습니다. 공정거래위원회가 인수합병 발표 1년 만에 기업 결합은 승인했으나, "6개월 내 요기요 매각"을 명령했기 때문입니다. 이 같은 공정위의 조건부 승인에 대해 딜리버리히어로(이하DH)는 요기요 100% 지분 매각 결정을 수락하는 것으로 결론을 내렸습니다. 사실 이러한 상황은 지난 11월 전달된 심사보고서에서 이미 예고되었던 것이었습니다. 다만 그때만해도DH는 이에 반발하며 끝까지 공정위를 설득히겠디는 입장이었습니다. 하지만 공정위가 끝까지 강경한 태도를 유지하자, 내부 검토 끝에 요기요를 매각하더라도 배민을 품기로 결정한 것입니다.

사실 DH 입장에서 요기요는 그동안 소중히 길러온 집토끼였습니다. 하지만 굴러들어온 산토끼 배민을 위해 이를 포기하기로 결정한 것인데요, 따라서 쉽지 않은 선택이었을 것입니다. 그렇기에 공정위의 조건부 승인에 인수합병이 무산되는 것이 아니냐는 일각의 예측도 있었는데, 끝내 DH가 배달의민족을 최종적으로 선택한 이유는 무엇이었을까요?

배달의민족은 왜 흔들리지 않을까?

코로나19로 가장 큰 수혜를 입은 업종은 무엇이 있을까요? 많은 후보들이 있겠지만, 역시나 배달 시장을 빼놓고 말할 순 없을 것입니다. 코로나로 인해 배달 시장은 역대 최대 규모로 성장하였습니다. 특히 매장 판매에만 집중하던 많은 가게들이 울며 겨자 먹기로 배달 플랫폼에 입점하게 되었는데, 말로는 코로나 이후엔 다시 매장 판매에 집중한다고 하지만, 아마 외식의 중심이 매장에서 배달로 바뀐 현 상황이 앞으로도 쭉 이어질 것으로 보입니다.

이렇듯 폭발적인 시장의 성장에도 불구하고 배달의민족은 작년부터 연이은 위기에 시달리고 있었습니다. 사업을 잘 키워 좋은 조건으로 매각에 성공하였지만, 게르만의 민족이라는 조롱이 쏟아질 정도로 나빠진 대외 이미지, 배달 대행 기사의 처우 문제로 인한 일종의 노사갈등, 정치권의 공공 배달앱 론칭, 거기에 무서운 후발 주자 쿠팡이츠와 위메프오까지. 정말 바람 잘 날이 없었습니다.

하지만 배달의민족은 흔들리지 않았습니다. 오히려 방문자 수도, 방문자 로열티도 모두 성장하며 시장 1위의 자리를 굳건히 지키고 있습니다. 그렇다면 도대체 배달의민족이 수많은 위기를 견뎌내고 지속적인 성장을 할 수 있었던 원동력은 어디에 있었을까요? 그래서 우리는 B마트를 주목해야 합니다.

B마트, 반전을 보이다

배달의민족은 다양한 신사업을 시도하는 곳으로 유명합니다. 배달이나 식품 관련 서비스는 물론 만화경 같은 웹툰 서비스까지 분야도 참 다양했었습니다. 당연한 일이겠지만 모든 신사업이 성공하지는 못합니다. 정확히는 배민라이더스를 제외한 다른 신사업들은 대부분 아직 제대로 자리 잡지 못한 상황입니다. 특히 초기 마켓컬리와 어깨를 나란히 하던 신선식품 커머스, 배민프레시의 실패는 내부에서도 꽤 충격적인 일이었을 겁니다.

배민프레시의 실패 이후 배민이 다음 타자로 생각한 것이 B마트였습니다. 배민라이더스를 통해 확보한 공급망으로 생필품을 판매하셨다던, B마트의 아이디어는 좋았지만, 앞날은 꽤나 불투명한 서비스였습니다. 왜냐면 비용 구조가 그리 좋지 않은 서비스였기 때문입니다. 특히 작년 배달의민족은 적자를 기록하였는데, 그 주요

원인 중 하나가 B마트 론칭 후 늘어난 마케팅 비용일 정도였습니다. 따라서 빠른 시간 내에 시장에 안착하지 못했다면 B마트도 배민프 레시와 같은 결말을 맞이했을지도 모릅니다.

하지만 코로나19가 퍼져나가면서 B마트는 반전의 기회를 맞이 하게 됩니다. 1인 가구 특화 커머스답게 외출이 줄어들면서 B마 트 이용률이 늘어나기 시작한 것입니다. 무려 하루 5만 건, 월 150 만 건의 주문을 처리할 정도로 급성장하였고, 지금도 꾸준히 커져 가고 있습니다. 단지 주문 건수가 늘어난 것만 보고 성공이라 하지 않겠죠. 취급하는 품목 수도 2019년 6월 기준 1,500종에서 2020 년 9월에는 5,000종으로 늘어났습니다. 편의점 품목 수가 통상 2,000~2,500여 종이라 하니, 이제 편의점보다도 더 많은 상품을 판매하는 셈입니다.

이처럼 B마트가 표방하는 초소량 배달은 소비자들에게 환영받 고 있습니다. 마트에 가긴 부담스럽고 편의점엔 뭔가 불만족스러운 점이 있던 고객들의 니즈를 정확히 공략한 것입니다. 무엇보다 B마 트가 잘나가는 이유는 근거리 배송 시장에 진입하려는 경쟁자가 많 은 데서 알 수 있습니다. 형제 플랫폼 요기요는 물론, 오프라인 대형 마트와 백화점 등 많은 업체들이 근거리 배송 시장을 눈독 들이며 진출하거나 준비 중에 있습니다.

이러한 B마트의 성공은 배달의민족이 단순한 배달 앱을 넘어서 커머스 서비스로 자리 잡게 하였습니다. 이에 따라 고객은 더욱더 배달의민족을 방문하게 되었고, 덕분에 경쟁자의 거센 추격과 공공

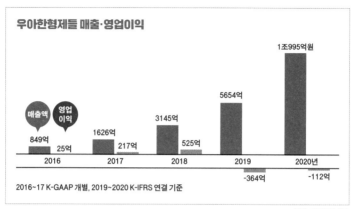

우아한형제들 매출·영업이익

매출액　영업이익

849억　25억 (2016)
1626억　217억 (2017)
3145억　525억 (2018)
5654억　-364억 (2019)
1조995억원　-112억 (2020년)

2016~17 K-GAAP 개별, 2019~2020 K-IFRS 연결 기준

(출처: 우아한형제들)

앱의 위협 속에서도 1등의 자리를 굳건하게 지키고 있습니다. 실제 매출도 2019년 5,654억 원에서 2020년에는 1조 995억 원으로 거의 두 배 성장했는데, B마트의 역할이 컸습니다. 왜냐하면 B마트의 매출로 추정되는 상품 매출이 2019년 511억 원에서 네 배 이상 성장하여 2,187억 원을 기록하였기 때문입니다. 여기에는 일부 캐릭터 상품 매출이나, B2B 사업인 배민상회 실적도 포함되어 있겠지만 B마트 매출이 상당수를 차지할 것으로 예상됩니다. 따라서 B마트의 매출은 최소 천억 원대에서 최대 2천억 원 사이로 예상됩니다. 아직 전국 서비스도 아닌 B마트의 실적이 이 정도라니, 앞으로의 성장 가능성을 기대할 만하시 않겠습니까?

가까울수록 강하다, 퀵커머스

이와 같이, B마트가 연 새로운 시장을 퀵커머스라고 합니다. 퀵커머스는 로켓배송 이후 등장한 익일 배송, 마켓컬리가 시작한 새벽 배송 이후 다시 한 번 패러다임을 바꾼 새로운 배송 서비스로 각광받고 있습니다. 퀵커머스는 말 그대로 빠릅니다. 주문 즉시 배송이 시작되고, 바로 도착하기 때문입니다. B마트의 경우 주문 후 30분 내외면 도착합니다. 속도 측면에서 압도적인 경쟁력을 지니며, 이미 배달 서비스로 충분히 검증된 예상 도착 시간까지 제공되어 정시성 측면에서도 훌륭합니다.

물론 이러한 장점에도 불구하고 퀵커머스 서비스가 바로 대중화에 성공하지 못할 것으로 본 사람들도 많았습니다. 근거리 배송은 특성상 소단량 배달만 가능한데, 굳이 집 앞 편의점을 두고 주문하겠냐는 의견이었습니다. 일리가 있는 의견이었고, B마트만 하더라도 초기에 신기해서 써본 사람들이나 쿠폰에 혹해 써본 사람들은 많았지만 다수가 이용하지 않았습니다.

하지만 코로나19는 집 앞 편의점에 나가는 것마저 불안하게 만들었습니다. 그렇게 되면서 사람들의 소비는 오프라인에서 온라인으로 이동합니다. 하지만 온라인 채널은 기본적으로 주문 하나당 구매 금액이 커야 이익이 나는 구조입니다. 그래서 용량과 수량 자체를 더 많이 주문 시키는 데 초점이 맞춰져 있었습니다. 이러한 환경 속에서 1인 가구들은 배제되어 있었습니다. 1인 가구가 물이나 휴지를 그렇게 많이 살 필요는 없으니 말입니다. 이러한 빈틈을 정확하게 공략한 것이 B마트였습니다. 더욱이 일단 한번 써보면 너무 편리하다 보니, 재구매율도 높았습니다. 여기에 배달의민족이 진행한 공격적인 프로모션까지 힘을 보태니 잘나갈 수밖에 없었던 겁니다.

마트는 안 되고, 배달은 되는 이유

하지만 이러한 퀵커머스가 구현되려면 정말 많은 수의 물류 거점이 필요합니다. 어떤 주문이든 30분 내외로 처리하려면, 서비스 지역 내 모든 배달지 대상으로 30분 내 배송이 가능한 다수의 거점이 필수적이기 때문입니다. 그렇기에 사실 이 아이디어를 가장 먼저 떠올린 것은 다수의 매장과 근거리 배송 인력 및 차량을 이미 확보하고 있던 대형마트였습니다.

SSG의 쓱배송이 대표적인데, 기존 마트의 배달 차량을 활용한 예약 배송을 이용하면 주문 당일에도 정해진 시간에 물건을 받아볼 수 있었습니다. 하지만 대중화되기에는 치명적인 3가지 한계를 가지고 있었습니다. 첫 번째는 바로 정부의 규제였습니다. 대형마트는 법으로 의무휴업을 하도록 정해져 있습니다. 따라서 근거리 배송을 매일매일 할 수 없는 한계를 가지고 있습니다. 이것이 SSG가 네오라고 부르는 온라인 전용 물류센터를 별도로 만들고 운영하는 이유이기도 합니다. 지금도 SSG는 근거리 배송은 매장에서, 새벽 배송은 물류센터에서 나가는 이중구조를 활용하고 있습니다. 두 번째 한계는 배송 물량 처리에 한계가 있었다는 겁니다. 어느 대형 마트든 예약 배송은 가능 수량이 정해져 있습니다. 기존에 매장 방문 고객 중 일부만 사용하던 서비스였고, 해당 인프라가 많은 주문량을 소화할 수 없었기 때문입니다. 그렇다고 이들 인프라를 단기적으로 확장하기에는 리스크가 있기에, 게임 체인저 역할을 수행할 수 없었던 겁니다. 마지막 이유는 매장 수입니다. 마트 점포 수가 많다곤 하지만, 커버할 수 있는 지역은 한계가 있습니다. 기본적으로 매장 규모가 크고, 충분한 배후 고객을 필요로 하기에 새벽 배송 거점이면 모를까, 퀵커머스 배송 기지로는 부적합 했습니다.

하지만 배달의민족은 아이디어를 냅니다. 바로 배달 대행업체 인프라를 활용하여 퀵커머스 모델을 구현하기로 한 겁니다. 우리가 흔히 오토바이라고 부르는 이륜차량을 주로 활용하는 이 업체들은 음식 배달 자체가 특정 시간대에 몰리기 때문에 어차피 유휴 인력을 늘 가지고 있었습니다. 그런데 이 아이디어는 배달의민족이 처음 생각한 건 아닙니다. 원조 퀵커머스는 편의점 배송 모델이었습니다. 하지만 의욕 있게 시작한 편의점 배송 모델은 큰 성공을 거두지 못합니다. 이유는 여러 가지가 있었습니다. 우선 시장 자체가 열리지 않았고, 편의점 상품을 굳이 배달까지 시켜야 하는 이유를 만들어주지도 못했습니다.

하지만 B마트는 달랐습니다. 편의점이 아니라 마트를 표방한 데다가, 냉장고에서 버리는 식재료를 줄여주겠다는 목표도 명확했습니다. 새로운 앱을 설치해야 이용 가능하던 편의점 배송과 달리, B 마트는 배달의민족 앱에서 바로 이용 가능했습니다. 마트도 편의점 도 풀지 못한 문제를 배달의민족이 멋지게 해답을 제시한 셈입니다.

다시 꿈틀거리는 근거리 배송 시장

이처럼 퀵커머스 모델의 성공 가능성이 보이기 시작하자, 그동안 다소 소극적이었던 오프라인 유통 업체들도 다시 본격적으로 도전 장을 내밀게 됩니다. 롯데는 롯데온 오픈과 더불어 근거리 배송을 하나의 차별화 무기로 삼아 적극 활용 중이며, 편의점 업계에서도 배달 점포를 다시 늘려가고 있습니다. 쿠팡도 쿠팡이츠를 이미 운 영하고 있기 때문에 언제든 시장 진입이 가능한 상황이고, 네이버 도 배달 대행업체인 생각대로에 투자를 검토하면서 가능성을 열어 두고 있습니다.

사실 이러한 근거리 배송 시장이 매력적인 이유는 무엇보다 최근 수년간 지속된 1인 가구 트렌드와 맞닿아 있는 모델이기 때문입니 다. 1인 가구의 수가 증가하고 이들의 구매력이 커지면서 이들을 노 린 비즈니스 모델들은 지속적으로 늘어나고 있습니다. B마트의 메 인 타깃도 이들인데, 앞서 말씀드린 대로 궁극적으로 냉장고의 필 요성을 없애는 게 사업 목표라고 말하고 있습니다. 1인 가구는 장 을 볼 때 많이 구매할 수밖에 없어서 냉장고에 늘 쓸데없는 재료들로 가득 차 있기 마련인데요, 하지만 필요할 때마다 바로 구매할 수 있고 또한 소단량으로 포장된 상품을 제공하여 이들의 니즈를 채우 겠다는 것입니다. 더욱이 어차피 이륜차로는 소단량 배송만 가능한 점도 궁합이 잘 맞는다고 볼 수 있습니다.

B마트를 잡아라!

이처럼 2020년 본격적으로 성장하기 시작한 퀵커머스는 앞으로도 계속 규모가 커질 것으로 보입니다. 다만 B마트라는 하나의 큰 이커 머스 플랫폼을 남길지, 다수의 플레이어가 경쟁하는 퀵커머스 시장 으로 자리 잡을지는 미지수입니다.

예를 들어 쿠팡이 연 익일 배송 시장은 로켓배송 말고는 사실상 다른 업체들이 존재하지 않습니다. 물류센터와 택배 기사를 모두 통제하는 사업 모델을 만드는 것은 어렵기 때문입니다. 새벽 배송 은 이보다는 낫지만 로켓프레시, 마켓컬리 등 소수의 업체들만이 겨우 살아남은 상황입니다. 이처럼 물류의 혁신은 시장에 큰 충격 을 주지만, 워낙 초기 투자가 많이 들기 때문에 모든 업체들이 유사 한 서비스를 제공하지 못하고 소수의 기업만 남게 됩니다.

이번에 등장한 새로운 조류인 퀵커머스도 분명 초기 물류 인프라 없이 도전할 엄두가 안 나는 서비스입니다. 하지만 기존의 새벽 배 송 등과 다른 것은 이미 이와 유사한 서비스를 바로 구현할 수 있는 배달 대행업체들이 다수 존재한다는 것입니다. 생각대로, 바로고, 부릉 등이 이러한 업체들인데 이들과 합종연횡을 한다면 생각보다 다수의 플레이어가 공존하는 그림이 나올지도 모릅니다.

특히 네이버는 이들 업체들에 투자를 한 데다가, 신세계-이마트와도 제휴 관계를 구축한 터라 언제든 퀵커머스 시장에 진출할 준비를 마친 상황입니다. 여기에 2021년 2월 11번가가 바로고에 250억 원 규모의 투자를 하기로 했다는 소식이 전해졌습니다. 뒤를 이어, GS홈쇼핑이 부릉을 운영하는 메쉬코리아의 지분 18.4%를 인수하여 네이버에 이은 2대 주주로 올라섰습니다. 심지어 이런 투자를 바탕으로 메쉬코리아는 새벽 배송으로 유명한 오아시스 마켓과 손잡고 V마트라는 이름으로 퀵커머스 시장에 직접 진출하기까지 합니다. 이처럼 결국 B마트의 독주는 계속되지 못할 전망입니다. 준비 중인 강력한 경쟁자들이 많기 때문입니다.

요기요는 GS와 부릉부릉 퀵퀵

여기서 변수로 떠오른 것은 역시 요기요입니다. 요기요는 배달 플랫폼 2위 업체이자, 요마트라는 퀵커머스 서비스를 이미 운영 중인 상황입니다. 어자피 장기직으로 배달 플랫폼으로 살아남으려면 퀵커머스 사업을 확장할 수밖에 없는 운명이라, 결국 요기요를 인수한 기업이 B마트의 강력한 경쟁자가 되리라 모두가 주목하고 있었습니다.

그리고 결국 요기요는 최종적으로 GS의 품에 안기게 되면서, 퀵커머스 시장은 지각변동을 앞두게 되었습니다. GS는 이미 부릉에 투자하면서 이륜차 배송 관련 역량을 확보한 상황이었고요. GS25라는 편의점에 더해 GS더프레시라는 슈퍼마켓을 전국에 300여개나 보유하고 있습니다.

이로써 GS는 점포 인프라와 배송 역량에, 요기요라는 강력한 플랫폼까지 삼박자를 모두 갖추게 된 셈이고요. 퀵커머스로 당장 진출한다 하더라도, 누구에도 꿀리지 않을 강력한 라인업을 갖추게 되었습니다. 실제로 GS도 그룹의 미래를 퀵커머스에 걸고 적극적으로 투자하겠다는 의지를 밝히기도 했습니다.

무서운 쿠팡이츠, 공정위의 걱정은 의미 없었다

하지만 요기요보다 DH가 무서워하는 곳은 따로 있습니다. 그곳은 바로 쿠팡입니다. 쿠팡은 이미 쿠팡이츠로 배달 앱 시장에 강렬한 충격을 준 바 있습니다. 쿠팡이 만든 배달 플랫폼 쿠팡이츠는 1등 배달의민족은 물론이고, 2등인 요기요와도 아직은 상당한 격차를 보이고 있습니다. 다만 아직이란 게 문제입니다. 쿠팡이츠는 2020년 4월 기준으로 여전히 전국에서 서비스되고 있지 않습니다. 일부 지역에 한하여 이용 가능한 상황인데, 문제는 그 일부 지역에서의 성장세가 심상치 않다는 겁니다.

배달 전쟁의 최대 격전지는 서울 강남 3구입니다. 전체 서울의 배달 주문 수의 20% 이상을 차지할 정도로 중요한 시장이고, 배달의민족과 쿠팡이츠가 처음 서비스를 시작한 곳이라는 상징성도 가지고 있습니다. 그런데 2021년 3월 기준으로 쿠팡이츠의 강남 점유율이 45%를 넘었다는 소식이 전해졌습니다. 배달의민족 45%, 쿠팡이츠 45%, 요기요 10% 수준으로 쿠팡이츠가 사실상 시장 1위 배달의민족을 따라잡은 셈입니다. 쿠팡이츠는 일부 지역에서만 서비스함에도 불구하고 전체 배달 시장의 점유율도 20%에 이를 정도로 성장세가 무섭습니다. 공정거래위원회가 배달의민족과 요기요가 한 몸이 될 경우 시장 독점을 걱정하여 분리 매각 명령을 내린 건데, 걱정이 무색하게 채 1년도 되지 않아 시장이 요동치고 있습니다.

이렇게 되자, B마트도 안전지대가 아니게 되었습니다. 그리고 이와 같은 두려움은 주문 후 15분 내 배송을 전면에 내세운 쿠팡이츠마트가 2021년 7월 송파구에서 시범운영하기 시작하면서 현실로 다가왔습니다. 쿠팡이츠가 압도적인 배달 속도로 배달의민족의 점유율을 급속도로 잠식했던 것처럼, 이번에도 쿠팡은 동일한 전략으로 퀵커머스 시장에도 출사표를 던진 셈입니다.

유럽에선 이미 15분 내 배달이 대세입니다

이렇게 쿠팡이 갑작스럽게 퀵커머스 시장까지 진출하게 된 배경에는 해외 시장에서 비슷한 비즈니스 모델들이 갑자기 뜨기 시작했기 때문입니다. 대표적인 사례가 독일 식료품 배달 업체 고릴라스 Gorillas입니다. 고릴라스의 슬로건은 'Faster than you(당신보다 더 빨리)'라 하는데요. 주문에서 배달 도착까지 걸리는 시간은 평균 10분이 채 안 된다고 합니다.

고릴라스 이외에도 플링크, 영국의 위지, 잽 등 퀵커머스를 표방한 업체들이 대거 등장하고 있습니다. 역시 이렇게 이들 업체들이 급성장한 배경에는 코로나 19 대유행이 자리잡고 있습니다. 외출이 줄어들면서, 퀵커머스 수요가 폭증했기 때문입니다. 아무리 코로나 19 때문이다 하더라도 바람이 심상치는 않습니다. 심지어 고릴라스는 창업 후 10개월도 안 되서 유니콘 반열에 올랐을 정도이니 말입니다. 이렇게 기회를 포착한 쿠팡이 드디어 국내에서도 퀵커머스 모델이 성공을 거둘 수 있는 적기라 판단한 것 같습니다.

프로모션 없이도 돌아가야 합니다

그렇다면 퀵커머스의 내일은 어찌 될까요? 사실 아직 선발주자인 B마트도 완벽하게 자리잡지 하고 있는데요. B마트에게는 아직 증

명할 것이 남아 있습니다. 그것은 아직까진 프로모션 때문에 B마트를 쓰는 고객이 더 많다는 사실을 극복해야 한다는 겁니다. B마트는 분명 편리하지만, 그동안 경험해보지 못한 영역의 서비스입니다. 그래서 초반부터 쿠폰도 많이 뿌린 데다가, 최소 주문 금액도 5천 원으로 정말 낮은 수준이었습니다.

하지만 이제 인고의 세월은 끝났다고 생각한 걸까요? B마트는 2021년 3월 2일부터 배달비는 1,500원에서 3,000원으로 두 배 올리고, 최소 주문 금액도 1만 원으로 인상한다고 전격 발표하였습니다. 다소 구매 고객 수는 줄더라도 최소한의 이익은 볼 수 있는 구조로 재편하겠다는 의지를 표명한 셈입니다. 아마 내부적으로 고객들이 이제 충분히 B마트의 편리함을 몸으로 느꼈다고 생각한 것 같습니다.

그러나 앞서 다룬 것처럼 잠재적 경쟁 기업들의 시장 진출이 초읽기에 들어가자, 최소 주문 금액을 높인 것이 무색하게 또다시 쿠폰을 대량 뿌리기 시작합니다. 이번 기회에 바뀐 정책에 대한 거부감도 낮추고 시장 지배력을 공고히 유지하기 위해, 다소 출혈이 있더라도 대규모 프로모션 진행을 택한 것 같습니다.

사실 이러한 전략은 이미 쿠팡이 로켓배송을 초기에 정착시킬 때 잘 활용한 것이기도 합니다. 쿠팡이 로켓배송을 처음 세상에 선보일 때만 해도 최소 주문 금액이 9,800원이었습니다. 당시만 해도 배송 비용이 주문 금액보다 클 수도 있었음에도 고객들을 공격적으로 끌어들이기 위해 모험을 한 것입니다. 당연히 이 금액을 계속 유지할 수 없었기 때문에 현재는 19,800원으로 최소 주문금액은 올린 상황입니다. 하지만 월 2,900원만 내면 로켓와우 회원이 되어 주문 금액에 상관 없이 로켓배송 이용이 가능하고, 심지어 로켓와우 회원은 첫 30일은 무료입니다. 그리고 기회만 생기면 로켓배송 무료 프로모션을 진행하며 더 많은 고객들이 로켓배송을 경험하도록 유도합니다. 일단 익숙해지면 고객이 빠져나가지 못할 것을 자신하지 않는다면 할 수 없는 액션입니다.

B마트도 동일한 생각을 하고 있을 것 같습니다. 일단 출혈이 있더라도 더 많은 사람들이 써보게 하고, 습관이 되게 만들자고 말입니다. 다만 배달의민족은 2019년 364억 원이나 되던 영업 적자를 2020년에는 112억까지 줄이면서, 충분히 관리 가능한 출혈임을

실적으로 증명하였습니다. 고객들이 프로모션 없이도 B마트를 애용하게 된다면 전국 확장도 불가능한 목표는 아닐 듯합니다. 그리고 이와 같은 B마트의 성공유무는 수많은 후발 주자들에게도 중요한 분기점이 될 것입니다.

하지만 앞서 다룬 것처럼 잠재적 경쟁 기업들의 시장 진출이 초읽기에 들어가자, 최소 주문 금액을 높인 것이 무색하게 또다시 쿠폰을 대량 뿌리기 시작합니다. 이번 기회에 바뀐 정책에 대한 거부감도 낮추고 시장 지배력을 공고히 유지하기 위해, 다소 출혈이 있더라도 대규모 프로모션 진행을 택한 것 같습니다.

퀵커머스, 우리의 생활이 될 수 있을까?

지금까지 퀵커머스 트렌드에 대해 이야기를 나누어보았습니다. 퀵커머스는 물류 혁신이라는 점에서 쿠팡의 로켓배송과 비슷한 점이 많습니다. 하지만 로켓배송처럼 대박으로 이어질지는 여러 변수들이 존재합니다.

유리한 점은 이미 어느 정도 인프라가 구축된 상황이라는 점입니다. 세계 최고 수준의 배달 문화가 탄생시킨 이륜차 배송 인프라는 정말 대단합니다. 사실 로켓배송은 엄청난 물류 투자가 빈처줘야 구현할 수 있기에, 그동안 쿠팡 말고는 엄두를 못 냈던 것이 사실입니다. 최근 들어서야 네이버가 CJ대한통운과의 제휴를 통해 비슷한 준비를 시작한 게 다입니다. 하지만 퀵커머스는 이미 있는 인프라를 통해 생각보다 더 빠르게 대중화될 가능성이 있습니다. 특히 배달 시장이 지속적으로 성장 중이고, 이에 따라 이륜차 물류망도 커지기 시작했다는 건 긍정적인 신호였습니다. 대도시에만 존재하던 배달 대행업체들이 중소도시에도 생기기 시작했고, 이는 곧 퀵커머스의 지역적 확장으로 이어질 겁니다. 2020년에는 실제로 대표적인 배달 대행업체인 생각대로와 바로고를 통해 중소도시까지 편의점 배달 서비스가 확장되기도 하였습니다.

하지만 단점도 있습니다. 무엇보다 돈 벌기가 쉽지 않다는 겁니다. 이륜차 배송의 특성상 배송 가능한 물건은 여러 한계를 가지고 있습니다. 양이나 무게는 특히 치명적입니다. 그래서 한 번에 배송 주문 금액을 키우기 어렵고, 여러 집을 동시에 배송할 수도 없어서 수익 구조 만들기가 쉽지 않을 것으로 보입니다.

특히 배달 시장의 엄청난 성장은 기회이면서 동시에 독이 될 전망입니다. 왜냐하면 배달 물량이 늘어나면 기존 배달 기사들이 퀵커머스 물량까지 모두 소화하기 어렵기 때문입니다. 코로나가 급격히 퍼져나가던 2021년 3월엔 실제로 배달 인프라가 거의 마비되기도 했었습니다. B마트는 물론이고 음식 배달도 엄청 지연되었습니다. 지금은 배민 커넥트 같은 단기 인력을 활용하여 겨우 해결한 상황이지만, 장기적으로는 또 어떻게 될지 모릅니다. 그렇다고 배달 기사의 처우를 올려 공급을 확보하기엔 다시 수익성 문제가 걸리고 말입니다.

그럼에도 불구하고 퀵커머스의 미래가 밝다면 그 이유는 단 한가지입니다. 바로 편리하다는 겁니다. 특히 계속 그 수가 늘어나고 있는 1인 가구에게는 정말 필요한 서비스라 할 수 있습니다. 그래서 앞으로 한동안은 퀵커머스를 향한 뜨거운 관심은 지속될 것으로 보입니다. 더욱이 배달의민족이 준비하고 있는 로봇 배달 등이 기술적 혁신을 이룬다면 생각보다 빨리 퀵커머스가 일상으로 다가올지도 모릅니다.

나이키가 아마존과
헤어진 이유는?

2019년 11월 나이키는 아마존에 이별을 고했습니다. 브랜드가 유통업체를 거치지 않고 직접 판매하는 이른바 'D2C^{Direct to Consumer'}에 집중하기 위해서였습니다. 처음 아마존과 이별을 고할 때만 해도, 우려 섞인 시선이 나이키에 향했습니다. 안정적이면서 거대한 판매처를 버리는 건 모험이라는 의견이었습니다. 하지만 결과는 모두의 예상과 달랐습니다. 이별 통보 1년 뒤인 2020년 9~11월 나이키의 매출은 전년보다 9% 늘어난 112억 달러(약 12조 원), 영업이익은 30% 증가한 15억 달러(약 1조 6,300억 원)의 실적을 거두는 데 성공했기 때문입니다. 더욱이 이중 D2C 매출은 43억 달러(약 4조 7,000억 원)로 전년 대비 32%나 늘어났고, 온라인 판매도 84% 급증했다고 합니다.

아마존과 이별을 택한 건 나이키만이 아닙니다. 나이키 외에도, 이케아, 버켄스탁, 팝소켓 등 유명 브랜드들은 앞다투어 독립을 선언하고 있습니다. 도대체 이들은 왜 다들 D2C라는 험한 길을 택하는 걸까요. 직접 유통을 하면 자사몰의 브랜딩도 해야 하고, 광고를 통해 트래픽도 새로 확보해야 합니다. 개발 비용이나 여러 인력들까지도 추가로 고용해야 합니다.

하지만 그럼에도 불구하고 D2C는 매력적입니다. 우선 수수료를 아낄 수 있습니다. 물론 제대로 자체 채널을 운영하는 비용은 그 이상일지 모릅니다. 그러나 자사몰을 가지고 있지 않다면, 유통 채널에 휘둘릴 수밖에 없습니다. 따라서 완전 결별까지는 아니더라도 어느 정도 비중으로 자사몰에서 판매를 해야 이런 갑질로부터 자유로워질 수 있습니다. 또한 일부 유명 브랜드들은 가품과 직접 경쟁하는 것에 대해서도 불만이 많았다고 합니다. 가품에 대해 명확하게 관리를 못해주는 아마존과 같은 오픈마켓에 불만은 쌓여가고, 또한 자신들의 상품을 가져다 파는 벤더사와 동일 선상에서 경쟁하는 것도 부담스러웠을 겁니다. 마지막으로 D2C 형태의 비즈니스는 변화에 능동적인 대처가 가능합니다. 나이키만 해도 자체 채널을 강화시킨 덕분에 재빠르게 오프라인에서 온라인 판매로 전략을 변경하여 코로나19로 닥친 어려움을 비교적 쉽게 이겨낼 수 있었습니다.

D2C의 흥망성쇠

그렇다면 D2C 모델은 언제부터 이렇게 각광받았던 걸까요? 여러 비즈니스 모델들이 그렇듯, D2C 모델도 부침을 겪어 왔습니다. 특히 최근 10여 년 사이 엄청난 롤러코스터를 타기도 했습니다. 한때 시장의 대세로 떠오르다가, 골칫덩어리로 전락하기도 하고, 최근에는 또다시 새로운 대안으로 주목받고 있습니다.

사실 D2C는 유명 브랜드보다는 일부 스타트업들이 유행시킨 개념이었습니다. 소비자에게 직접 판매하여 유통비용을 줄이는 아이디어는 처음에 정말 혁명과 같았습니다. 달러쉐이브클럽이나, 와비파커가 이를 상징하는 기업들이었는데, 달러쉐이브클럽은 유니레버가 10억 달러에 인수하면서 성공적으로 엑싯exit하였고, 와비파커는 유니콘 기업으로 도약하였습니다. 이렇게 투자자들이 D2C 비즈니스라고 하면 묻지도 따지지도 않고 투자하던 시기가 한때 분명 있었습니다.

하지만 나이키가 아마존에 이별을 고한 2019년, D2C 성공 신화에 금이 가기 시작합니다. 국내에서도 노브랜드의 롤 모델로 유명했던 브랜드리스는 폐업하였고 아웃도어보이스의 설립자는 CEO 자리에서 물러났습니다. 상황이 이렇게 급변하자 한때 몰리던 투자금도 딱 끊겼다고 합니다. 그렇다면 D2C 모델의 성공 방정식은 왜 구시대의 것이 되어버렸을까요? 아이러니하게도, 너무 많은 D2C 회사들이 생겨난 게 문제였습니다. 달러쉐이브클럽과 와비파커의 성공에 취해버린 수많은 미투기업들은 처음 등장할 때만 해도 모두가 성공을 거두리라 확신했을 겁니다. 하지만 이들 D2C 기업들은 모두 온라인 광고에 너무 의존하였고, 이 부분은 치명적인 약점이 되었습니다.

TV, 신문과 같은 전통적인 매체와 달리 온라인 광고는 적은 자본으로도 충분히 시작할 수 있습니다. 그래서 신생 D2C 기업들은 온라인 광고를 통해 초기 트래픽을 확보하고자 했습니다. 그리고 초창기만 해도 이러한 방식으로 온라인 채널을 통해 물건을 소비자에게 직접 판매하고, 유통비용을 줄이는 게 경쟁력의 원천이기도 했습니다. 하지만 고객획득비용CAC, Customer Acquisition Cost이 상승하면서 이러한 경쟁력은 신기루처럼 사라지고 맙니다. 2018년만 해도 페이스북에서 클릭 수 하나를 얻기 위해 필요한 비용은 0.43달러였습니다. 하지만 1년 만에 비용은 0.64달러로 폭등하고 맙니다. 이처럼 페이스북과 같은 온라인 광고 채널이 과거에는 적은 돈으로도 많은 고객에게 홍보를 할 수 있는 블루오션이었다면, 이제는 돈을 쏟아부어도 효과를 체감할 수 없는 레드오션이 되어버린 겁니다. 이와 같은 현상을 바라보며 어느 D2C 투자자는 'CAC가 새로운 임대료'라고 칭하기까지 했을 정도입니다.

이렇게 광고비가 올라가도록 부채질한 건 아이러니하게도 바로 벤처케피털의 투자금이었습니다. 투자자들은 D2C 브랜드들이 빠르게 성과를 올리길 기대하였고, 투자를 받아 확보한 자본은 그대로 광고 비용으로 빠져나갔습니다. 결국 구글이나 페이스북 같은 광고 플랫폼들만 신이 나는 상황이 도래한 것입니다. 광고비는 올라가고, 수익성은 덩달아 악화되고, 투자시장 마저 얼어 붙으면서 D2C 기업들의 폐업 소식이 줄줄이 전해지게 된 것입니다.

하이브리드로 부활한 D2C

한때의 반짝 유행으로 사라질 듯했던 D2C를 다시 살려낸 것은 이들 스타트업들의 타도 대상이었던 기존 유명 브랜드들이었습니다. D2C 기업들의 성공과 실패를 보면서 좋은 점만 받아들인 하이브리드 모델로 새롭게 시장에 도전장을 던진 겁니다.

가장 먼저 이들은 D2C가 주었던 가치 중 고객의 편의성 증대를 가져왔습니다. 유통망을 거치지 않기에 D2C는 고객 경험의 개선이 가능합니다. 직접 고객의 데이터를 가져와 맞춤 추천도 가능하고, 배송 등도 상품 특성에 알맞게 최적화가 가능하기 때문입니다. 나이키만 하더라도 매장의 체험 요소를 강화하고 데이터 분석 전문기업 셀렉트를 인수하는 등 고객 경험을 보다 좋게 만들기 위한 여러 노력을 병행하였습니다.

반면에 이들은 가격보다는 상품의 본질에 집중하였습니다. 사실 그동안 D2C 기업들이 가장 앞세웠던 가치는 낮은 가격이었습니다. 유통비용도 줄여 가격 구조를 만든 것도 있었지만 기존 브랜드들보다 인지도가 낮기 때문에 어쩔 수 없는 선택이기도 했습니다.

그러나 상품의 차별성은 비교적 낮았는데, 본질적인 경쟁 요소인 품질이 낮다보니 장기적으로 경쟁력을 유지하기가 어려웠습니다. 반면 기성 브랜드들은 굳이 저가를 고수하지 않았습니다. 물론 온라인 전용 라인을 만든다거나 자체 채널에서 최저가를 맞춘다는 등의 노력은 했습니다. 하지만 그보다는 한정상품을 단독 출시 하는 등의 차별성에 더 초점을 맞췄습니다. 그러자 오히려 브랜드의 진짜 팬들은 자사몰에 몰리게 되었던 겁니다.

2020년 이후 뜨고 있는 D2C 브랜드들도 직접 팔아 가격을 낮추는 걸 강조하기보다는 상품 자체를 브랜딩하고, D2C 요소를 곁들이는 경우가 많습니다. 친환경 신발로 유명한 올버즈가 대표적입니다. 이들 사업의 가장 큰 포인트는 지속 가능한 소재로 만든 신발 그 자체입니다. 유통 방식은 올버즈의 철학을 실현하기 위한 여러 방법론 중 하나일 뿐입니다.

그래도 D2C는 한계가 있습니다

하지만 D2C는 여전히 한계점을 가지고 있습니다. 우선 구색의 한계입니다. 제조사가 운영하는 몰은 취급하는 상품 수에 한계가 있을 수밖에 없습니다. 그렇게 되면 고객을 묶어 두기가 어렵습니다. 다시 나이키로 돌아가보겠습니다. 나이키 신발을 아무리 좋아하는 팬이라도 1년에 과연 몇 켤레나 살까요? 나이키 매장 혹은 온라인

스토어에 얼마나 자주 방문 할까요? 단일 품종, 브랜드로 고객을 묶어 두는 건 정말 어렵습니다.

LF몰은 D2C 모델로 온라인 전환에 성공한 대표적인 성공 모델입니다. 특히 LF는 남성, 여성, 캐주얼 등 다양한 복종의 브랜드도 여럿 보유하고 있었습니다. 하지만 이러한 LF조차 자체 상품만으로 플랫폼을 만드는 건 역부족이었습니다. 그래서 리빙 카테고리를 강화하고 외부 브랜드들을 입점시키려 애쓰고 있습니다. 하지만 플랫폼으로서의 성장은 여전히 미미한 수준입니다.

블랭크는 미디어 커머스의 선두 주자입니다. 자체적으로 생산하거나 매입한 상품에 마케팅을 붙여 판매하는 것으로 유명합니다. 마약 베개가 가장 유명했던 성공 사례입니다. 한때는 무신사와 어깨를 나란히 하던 유니콘 후보였지만, 플랫폼 무신사가 고속 성장하는 동안, D2C 블랭크는 적자로 돌아섭니다. 한정된 구색으로 성장하는 데 한계가 찾아왔기 때문입니다.

이러했던 블랭크가 2020년 다시 흑자전환에 성공합니다. 글로벌 시장 진출을 하면서 매출 성장과 이익 개선 두 마리 토끼를 모두 잡았던 겁니다. 하지만 매출은 1,624억 원인데, 영업이익은 16억 원으로 아직 갈 길이 멉니다. 한때 영업이익률이 10%가 넘던 블랭크였는데도 말입니다. 이처럼 D2C 기업이 지속적으로 이익을 내면서 성장한다는 건 어렵습니다. 특히 한정된 구색으로 인해 충성고객을 확보하는 것도 어렵습니다. 결국 규모의 경제를 실현하지 못한 채 지속 가능한 비즈니스 모델을 만들지 못하고 사라져가게 됩니다. 브랜드리스가 폐업하고, 아웃도어보이스의 창업주가 회사에서 쫓겨나는 등 미국의 주목 받던 D2C 기업들이 사라진 이유이기도 합니다.

영속하는 D2C, 구독경제가 답이다

그럼 나이키처럼 글로벌 기업이 되지 않으면 D2C로 성장하는 건 불가능한 일일까요? 아닙니다. D2C 중에서도 구독경제 형태의 사업 모델을 만든 경우 성장과 충성고객 두 마리 토끼를 모두 잡아 차세대 유니콘으로 주목받고 있습니다. 구독경제 자체는 수년 전부터 이미 많이 회자된 개념입니다. 어찌 보면 동시에 철 지난 키워드처럼 들리기도 합니다. 하지만 우리는 다시 구독경제에 집중할 필요가 있습니다.

이러한 구독경제의 원조는 역시 미국입니다. 앞서 이름이 나왔던 달러쉐이브클럽, 와비파커, 그리고 패션 분야에 렌트더런웨이, 스티치픽스 등이 대표적인 기업들입니다. 이들이 사업을 시작한 건 2000년대 후반 혹은 2010년대 초반으로 구독 서비스 자체가 등장한 지는 이미 10년이 훌쩍 넘었습니다.

그리고 구독경제를 기반으로 한 D2C 모델들은 여전히 성장 중인 곳들이 꽤 많습니다. 달러쉐이브클럽과 와비파커는 여전히 건재하고요. 렌트더런웨이는 패션계의 넷플릭스라 불릴 정도로 승승장구 중입니다. 스티치픽스도 상장에 성공하며 이미 엑싯한 상황으로, 올해 1월 95달러까지 주가가 오르기도 했습니다. 2021년 4월 기준으로 50달러선까지 떨어지긴 했으나, 여전히 2020년 대비 두 배 이상 오른 상황입니다.

문제는 규모야 바보야!

이처럼 상당히 오래전부터 북미 시장에서 성공 모델이 여럿 나온 관계로 국내에서도 이를 벤치마킹하려던 시도가 꽤 있었습니다. 예를 들어 패션 구독 서비스만 해도 SK플래닛이 만든 프로젠트앤, 스타트업으로 시작한 윙클로젯, 원투웨어 등이 있었습니다. 하지만 모두 실패로 끝나고 말았습니다.

한동안 국내에서 성공 모델이 나오지 못했던 이유는 덩치 키우기에 실패하였기 때문입니다. 앞서 소개한 스티치픽스만 해도 영업이익률이 1%대로 떨어지면서 주가도 30%나 급락하는 등 한때 위기를 겪기도 하였습니다. 하지만 스티치픽스의 2019년 매출은 무려 15억 달러, 2020년은 17억 달러였습니다. 이와 같이 규모의 경제를 충분히 구현할 정도로 성장하였고, 이익률이 나빠졌던 것은 후발 주자와의 경쟁이 치열해졌기 때문이었습니다. 하지만 일단 규모를 키웠기에 출혈 경쟁 속에서도 스티치픽스는 살아남을 수 있었습니다.

결국 여기서 포인트는 스티치픽스의 이익률이 아니라 매출 규모에 있습니다. 스티치픽스를 따라 한 국내 패션 구독 서비스들이 모두 실패한 것도, 규모의 경제 실현이 가능한 수준에 빠르게 도달하지 못했기 때문입니다. 사람들이 원하는 옷은 한정되어 있고, 인기 있는 옷은 늘 대여 중이었기에 고객들은 불만을 가지고 이탈하게 되었던 겁니다. 국내 성공 모델이 있었다면 대기업 경영진이나 투자자도 인내를 가지고 기다려주거나 추가적인 투자를 했겠지만, 당시만 해도 그들은 기다려야 할 이유를 찾지 못했습니다.

그러나 드디어 2020년에 이러한 규모의 경제를 실현한 성공 모델이 탄생할 조짐이 보이기 시작했습니다. D2C모델과 구독 서비스를 결합한 와이즐리가 그 주인공입니다. 와이즐리는 대표적인 해외 성공 사례인 달러쉐이브클럽을 벤치마킹하여 탄생한 서비스입니다. 면도날 구독 서비스를 제공하는데 이제 막 4년 남짓 된 신생 브랜드입니다. 그런데 오픈서베이의 남성 그루밍 트렌드 보고서에서 면도날 이용률 4위에 자리 잡은 것입니다. 이용률은 9.3%로, 1위 질레트의 72%에 비하면 미약하긴 합니다. 하지만 전년도 6%에서 3%나 성장하여, 성장 규모로는 1위일 정도로 가파르게 사용자가 늘고 있습니다. 사실 그동안 구독 서비스는 신기한 서비스이지, 내 주변에서 누군가가 실제 사용하고 있는 서비스라는 느낌은 주지 못했습니다. 그러나 20대 기준이지만 10명 중 1명이 쓰는 서비스로 올라설 정도로 볼륨 확보에 성공했다는 것입니다. 이렇게 정말 대중화된 구독 서비스가 등장할 날이 초읽기에 들어섰습니다.

구독 서비스 낯설지 않아요!

그렇다면 이렇게 구독 서비스가 드디어 알을 깨기 시작한 원인은 어디에 있었을까요? 물론 와이즐리라는 서비스 자체가 매력적이기도 합니다. 그러나 다소 뜬금없지만, 넷플릭스의 성공이 구독경제 원년을 불러오고 있지 않나 싶습니다. 사실 구독 서비스 자체는 저와 같은 관련 업계 종사자에게는 매우 익숙한 개념이지만, 일반 소비자들에게까지 친숙한 개념은 아니었습니다. 구독료를 내고 물건이나 서비스를 받는 개념 자체가 너무 낯설었습니다. 따라서 이러한 낯섦에서 오는 본능적인 거부감은 지금까지 많은 구독 서비스가 제대로 자리 잡지 못하고 좌초하게 된 핵심적인 이유 중 하나였습니다.

하지만 킹덤을 시작으로 대한민국을 강타한 넷플릭스는 우리 모두가 구독 서비스 경험자가 되도록 만들어주었습니다. 2020년 9월 기준으로 넷플릭스의 유료 가입자가 최소 336만 명이라고 합니다. 또한 한 번 이상 넷플릭스 앱을 이용해본 경험이 있는 사람은 572만 명. 국민 열 명 중 한 명 이상은 구독 서비스를 유료 결제해봤다는 겁니다. 더욱이 2030 세대로만 한정 짓는다면 그 비율은 더욱 올라갈 것입니다. 넷플릭스뿐이 아닙니다. 밀리의 서재 같은 전자책 구독, 퍼블리 같은 아티클 구독까지, 콘텐츠 시장에선 구독이 아닌 걸 찾아보기 어려울 정도입니다. 이러한 구독의 바람은 콘텐츠에서 실물 상품으로 퍼져나가고 있습니다. 그리고 와이즐리가 이러한 흐름의 대표적인 수혜자라 할 수 있습니다. 이제 구독 서비스가 꽃피울 토

양은 완전히 마련된 셈입니다.

유료 회원제, 가능성을 현실로 만들다

이와 같은 넷플릭스의 성공이 이어지자, 역시나 가장 먼저 움직인 업체들은 이커머스 플랫폼들이었습니다. 아마존프라임이라는 전설적인 성공 사례를 본받아 유료 회원제를 앞다투어 도입하기 시작한 것입니다. 유료 회원제도 일종의 구독 서비스라고 할 수 있는데, 연회비 혹은 월회비를 내고 여러 혜택을 받는 형태입니다. 국내에서는 이베이코리아의 스마일클럽, 쿠팡의 로켓와우가 선두 주자였는데, 이들 모두가 대성공을 거둡니다.

2020년 기준 무려 40%의 소비자들이 유료 멤버십을 이용하고 있습니다. 먼저 스마일클럽은 초반 기세를 이어가지 못하고 이용률 측면에서 전년보다 하락하긴 했지만, 네이버와 쿠팡의 급성장 속에서도 이베이코리아가 어느 정도 본인의 영역을 지킬 수 있던 원동력이 되었습니다. 그리고 로켓와우는 로켓배송에 이어 결정타라고 할 정도로 쿠팡에게 큰 힘이 되고 있습니다. 쿠팡의 약진에는 로켓와우가 있었다고 해도 과언이 아닌데, 이번 상장 보고서에서도 470만 명의 로켓와우 회원들을 무척이나 강조하곤 했습니다.

물론 위메프와 티몬, 요기요 등 유료 멤버십을 도입하고도 소기의 성과를 거두지 못하고 아예 서비스를 종료한 기업들도 있었습니

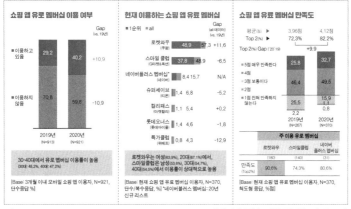

다. 다만 이들은 공통적으로 현재 경쟁에서 밀리고 있는 기업들이지, 유료 회원제라는 서비스 모델 자체가 문제라는 건 아닙니다. 오히려 작년에 네이버조차 유료 멤버십에 도전할 정도로 이제 유료 회원제는 없어서는 안 될 필수적인 서비스로 자리 잡고 있습니다. 네이버는 특히 CJ, 신세계-이마트와의 제휴를 통해 네이버 플러스의 혜택을 전방위적으로 강화하며, 유료 회원제를 전력을 다해 키우고 있습니다.

여기서도 코로나가?

구독 서비스 성공 모델의 등장, 넷플릭스로 촉발된 구독의 일상화,

대세가 된 유료 회원제까지. 모든 상황적 요인이 만들어지는 가운데, 코로나19가 여기에 기름을 끼얹었습니다. 코로나19와 구독 서비스가 어떤 상관관계를 가지고 있을까요? 코로나로 인해 우리가 가장 많이 하게 된 행동은 집에서 있는 시간이 늘어났다는 겁니다. 이른바 집콕족이 늘어나며 무료함을 견디지 못하면서 가장 폭발적으로 성장한 것이 바로 OTT 서비스입니다. 그 결과 넷플릭스나 왓챠 같은 서비스들이 이번 팬데믹을 계기로 정말 빠르게 성장합니다.

그리고 외출을 꺼리기 시작하면서 직접 방문하여 처리하던 일들을 구독 서비스를 이용하기 시작합니다. 대표적인 사례가 빨래나 반려동물 관련 사료 구입 등으로, 정기적으로 하는 일인데 외출을 할 수는 없으니 구독 서비스를 이용하게 됩니다.

여기에 외출이 줄어들어 생사의 기로에 선 오프라인 매장들마저 회심의 한 수로 구독 서비스를 론칭합니다. 코로나가 장기화되면서 어느 정도 일상생활을 회복했지만 예전만큼 소비하지는 않는 상황이고, 줄어든 매장 방문을 모두 독식하기 위해 구독 서비스를 제공한 것입니다. 특히 커피 구독 서비스가 가장 많이 생겨나고 있는데, 파리바게트, 뚜레쥬르, 던킨, 버거킹 등 이미 다양한 프랜차이즈에서 시행 중이고 앞으로도 더욱 늘어날 것으로 보입니다.

구독경제, 어렵지 않아요!

이렇게 각계 각층에서 구독경제를 도입하기 시작하자, 심지어 구독 서비스를 위한 솔루션까지 등장하게 됩니다. 지난 2020년 11월, 카카오 개발자 컨퍼런스에서 카카오는 다음 먹거리로 구독 플랫폼을 선택했다고 선언합니다. 여기서 핵심은 카카오톡 지갑입니다. '지갑' 기능을 도입하여 인증과 결제를 단순화해 구독을 활성화하겠다는 겁니다.

이를 위해 카카오가 상징적으로 시작한 게 이모티콘 구독 서비스입니다. 이모티콘 구독 서비스를 이용하려면 카카오톡 지갑을 필수적으로 만들어야 합니다. 그동안 카카오는 이모티콘 이벤트를 통해 새로운 서비스를 론칭할 때마다 홍보 수단으로 잘 활용해왔습니다. 이번에는 아예 구독 서비스를 통해 지갑 이용자 수를 확 늘린 셈입니다. 이와 같은 전략은 적중하여 2021년 4월 기준으로 이미 카카오톡 지갑 이용자 수는 천만 명을 돌파했다고 합니다. 그리고 2021년 6월 렌털과 같은 형태의 상품 구독이나 카카오가 보유한 IP를 활용한 콘텐츠 구독 서비스를 기반으로 한 구독온을 출시하면서 본격적으로 구독 시장에 진출합니다.

카카오가 뛰니, 네이버도 가만히 있을 리 없습니다. 이미 네이버 플러스의 가입자 수는 2020년 연말 기준으로 250만 명을 돌파했고, 카카오처럼 지갑과 지식 유료 구독 모델을 올해 중 출시할 예정입니다. 또한 2021년 7월부터 네이버 스마트스토어에도 구독 형태의 판매 모델을 적용할 수 있도록 솔루션을 제공하기 시작하였습니다. 소상공인들도 손쉽게 구독 서비스를 만들 수 있는 세상이 곧 열리는 겁니다.

그래서 뭘로 차별화할 건데?

따라서 앞으로 한동안은 다양한 구독 서비스가 계속 등장할 것으로 보입니다. 그리고 그중 일부는 새로운 차세대 유니콘으로 성장하지 않을까 싶습니다. 하지만 이와 동시에 현재 미국처럼 쭉정이 서비스들을 시장에서 골라내기 시작할 것이고, 따라서 많은 실패작들도 나타날 것입니다. 결국 모든 비즈니스가 그렇듯이 소수만이 살아남아 그 과실을 먹게 될 겁니다.

그렇다면 어떻게 해야 이러한 전쟁에서 살아남을 수 있을까요? 답은 경쟁전략의 고전 중 하나인 차별화에 있습니다. 우선 구독 서비스들은 쪼개고 쪼개야 합니다. 실제 요즘 등장하는 구독경제 서비스는 매우 신박한 것들이 많습니다. 과자부터 아이스크림, 전통주에 심지어 그림까지 말입니다. 하지만 중요한 것은 쪼개서 맞춤화된 콘텐츠를 제공하되 그것을 소비자가 정말 편리하다고 느껴야 한다는 겁니다. 특히 소비자가 원하는 편익을 제공할 줄 알아야 합니다.

와이즐리의 경우도, 가격과 면도 습관이라는 핵심 가치를 건드려서 성공을 거둘 수 있었습니다. 면도기 교체 주기를 메시지로 알려주는 등, 단지 상품이 아니라 고객의 습관을 좋은 방향으로 변화시키려 합니다. 전통주 구독 서비스 술담화는 이용자 수가 전년 대비 5배 이상 늘어나며 고속 성장 중입니다. 이들이 성장한 이유는 고객이 정말 필요로 하는 포인트를 잘 공략했기 때문입니다. 특히 사회적 거리 두기로 혼술문화가 늘어나는데, 적당한 술을 찾기 어렵다는 점을 잘 공략하였습니다.

이는 대형 기업들에게도 마찬가지로 적용됩니다. 티몬이나 위메프가 실패한 이유는 할인이라는 흔한 가치 외의 것을 전달하지 못했기 때문입니다. 그에 반해 쿠팡은 그동안 로켓배송 고객들이 불편해하던 최소 구매 금액 허들을 과감하게 없애면서 로켓와우를 흥행시킬 수 있었습니다. 네이버 플러스도 초반 고객들의 반응이 좋지 않자, 계속 혜택 내용을 변경하면서 매력도를 높여가고 있습니다. CJ와의 전략적 제휴를 통해 티빙 구독을 혜택 내에 포함시킨 것이 대표적입니다. 이와 같이 차별적인 가치를 주는 데 성공한 구독 모델만이 살아남을 수 있을 겁니다.

오프라인 소비는 코로나로 인해 줄어들고, 온라인 소비는 대형 플랫폼으로의 쏠림 현상이 심화되면서 결국 우리 단골 고객을 확보하는 것은 모든 업체들의 지상 과제가 되었습니다. 단골 고객 확보에 가장 효과적인 수단이 구독 서비스인만큼 이제야 구독 서비스의 전성시대가 진정 열렸다고 할 수 있을 겁니다. 과연 어떤 구독 서비스가 살아남아 왕좌를 차지할 수 있을지 내일의 모습이 기대됩니다.

이커머스
시장 경쟁에서
무엇이 중요한가?

  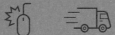

지금까지 이커머스를 이해하기 위한 기본 개념과 현재의 트렌드에 대해 이야기해보았습니다. 이렇게 이커머스 자체에 대해 더 자세히 알게 되었다면 앞으로 이 시장을 결국 누가 장악할 것인지, 그 경쟁에서 중요한 전장은 어디인지 알아야 하지 않겠습니까? 어떻게 경쟁 구도가 형성되어 있고, 이러한 경쟁 구도에서 얻고자 하는 것이 무엇인지 3장에서 본격적으로 이야기 나눠보도록 하겠습니다.

커머스 시장은 오프라인에서 온라인으로, 온라인 내에서도 PC웹에서 모바일로, 그중에서도 모바일 앱으로 중심이 이동하고 있습니다. 따라서 슈퍼앱이라는 개념이 더욱 중요해지고 있습니다. 그리고 슈퍼앱의 자리를 차지하기 위해서 온라인 식료품 시장의 중요성이 커지고 있습니다. 이와 같은 경쟁에서 승리하기 위해 서로 연합을 맺는 등 최근 경쟁구도는 더욱 재미있게 돌아가고 있습니다. 그렇다면 이렇게 치열한 경쟁에서 승리한 쇼핑몰은 뭘 얻게 될까요? 또 다른 슈퍼앱이 되어 다른 산업으로 확장해나갈 텐데요, 특히 금융업으로 진출하는 커머스 플랫폼들이 많아지고 있습니다.

진격의 슈퍼앱,
선을 넘는 녀석들이 몰려온다

"줌으로 미팅할까요?" 회사에 다니시는 분이라면, 작년 한 해 정말 많이 들었던 말 중 하나일 겁니다. 우리나라에선 존재 자체도 모르던 화상회의 솔루션 기업 Zoom(줌). 하지만 코로나19 이후 원격근무가 일상으로 자리 잡으면서 줌은 마치 엑셀이 그랬던 것처럼 회사 생활에 있어 필수적인 도구로 떠올랐습니다. 전 세계적으로 코로나가 최고조에 이르렀던 작년 2, 3분기 줌의 성장세는 정말 무서웠습니다. 두 분기 연속으로 매출 성장률은 350% 이상을 기록하였고, 주가도 한때 세 배 이상 치솟았을 정도입니다.

글로벌 성장뿐 아니라 국내에서도 줌의 기세는 놀라웠습니다. 모바일 데이터 및 분석 플랫폼 앱애니에 따르면, 국내에서 가장 많이 다운로드받은 앱 순위에서 줌이 2020년 2분기 2위, 3분기에는 1위를 차지했기 때문입니다. 다운로드 수뿐 아니라 활성 사용자 수에서도 2020년 하반기 이후로는 평일 기준 일 평균 80만 명이 넘나들고 있습니다.

로켓에 올라탄 줌은 커머스가 하고 싶다

이렇게 트래픽 벼락부자가 된 줌의 다음 행보는 어땠을까요? 보통 트래픽을 많이 모은 서비스는 수익화 방법을 찾기 마련입니다. 줌도 그랬습니다. 그래서 내놓은 줌의 새로운 서비스가 바로 On Zoom(온줌)입니다. 온줌은 2020년 10월 14일 줌의 사내 행사인 줌토피아에서 전격 공개되었습니다.

온줌은 일종의 강의 마켓 플랫폼입니다. 코로나로 인해 대면 활동이 어려워진 요가 교사, 요리 강사 등이 줌 미팅을 개최하고 미팅의 티켓을 만들어 판매할 수 있게 한 것입니다. 페이팔과 신용카드 결제가 가능하며, 수수료도 당분간은 무료로 두어 초기 사용자 확보에 중점을 두었습니다.

이러한 온줌의 확장성은 정말 무한해 보입니다. 당장은 영상 기반 콘텐츠에 대한 티켓 판매로 시작하지만, 상품 판매와도 언제든 결합시킬 수 있는 모델이기 때문입니다. 더욱이 요즘 트렌드인 라이브 커머스 플랫폼으로 활용할 수 있기도 합니다. 또한 이미 국내 사용자들도 다수 확보한 줌이기 때문에, 국내 도입 시 반향이 클 것으로 예상됩니다. 더욱이 국내에는 클래스101같이 이미 검증된 온라인 강의 모델도 존재하는 데다가, 줌은 진입 장벽이 낮기 때문에 확산시키기에도 쉽기 때문입니다.

과거 슈퍼마켓이 동네 학원이나 스터디카페를 경쟁자로 여기진 않았습니다. 하지만 이제 세상은 달라졌습니다. 트래픽을 많이 모은 플랫폼, 슈퍼앱은 이제 선을 넘어 커머스의 세계를 넘보기 시작합니다. 안 그래도 경쟁이 치열한 커머스 업계는 이제 이같이 선을 넘는 녀석들의 역습까지도 대비해야 합니다. 새로 등장한 경쟁자들의 무서운 점은 이미 엄청난 트래픽을 보유하고 있다는 점입니다. 커머스 업계에서 거래액을 결정하는 요인은 결국 상품 수와 트래픽 두 가지입니다. 이 중 트래픽을 보유한 슈퍼앱의 진격, 커머스에게는 너무나도 위협적일 수밖에 없습니다.

슈퍼앱은 얼마나 슈퍼한가요?

그런데 슈퍼앱, 처음 들어보신다구요? 슈퍼앱은 앱 기반의 서비스 중 막대한 트래픽을 기반으로 다양한 서비스를 제공하는 경우를 통칭하여 부르는 용어입니다. 플랫폼과 거의 동일한 단어로 보셔도 무방합니다. 다만 스미트폰이 가장 **중요한** 매제가 되었고, 과거 공중파 채널, 포털 사이트의 위치를 차지하면서 앱이라는 특성이 보다 부각된 단어가 탄생한 겁니다. 특히 근 수년간 슈퍼앱은 점차 중요한 개념으로 떠오르고 있습니다.

사실 스마트폰이 등장한 이래, 십수 년간 탄생한 많은 앱들은 단일 목적 앱인 경우가 대다수였습니다. 하지만 중국에서 시작한 슈퍼앱 트렌드가 전 세계로 퍼져나가면서 여러 기능들을 수행하는 플랫폼 앱이 시장에서 영향력을 더욱 늘려가고 있습니다. 이러한 슈퍼앱은 앞서 나온 중국이나 인도 등 신흥국에서 가장 먼저 등장했다는 공통점을 가집니다. 신흥국에서는 스마트폰 자체가 저가 모델이거나, 무선 인터넷 접속 인프라가 부족한 경우가 많았습니다. 그러나 이러한 환경적인 제약이 오히려 슈퍼앱이라는 괴물을 탄생시켰습니다. 부족한 인프라 내에선 단일 기능에 특화된 여러 앱을 설치하는 것보다 하나의 앱이 여러 목적을 수행하는 것이 효과적이었기 때문입니다. 고객의 욕구도 세분화되어 있던 선진 시장에서는 개별 집단을 공략하는 보다 뾰족한 앱들이 시장을 주도하던 것과 반대되는 모습이었습니다.

특히 결제 인프라가 낙후되었다는 점은 이러한 슈퍼앱의 성장에 크게 기여하였습니다. 예를 들어 한국은 개인정보 인증이나 온라인 결제에 있어서 생각보다 발전 속도가 느린 편이었습니다. 불편한 공인인증서가 필수적으로 요구되고, 간편 결제의 대중화도 북미나 중국에 비하면 뒤처지고는 했습니다. 이러한 느린 발전은 아이러니하게도 한국이 결제 인프라가 너무 잘 구축되어 있었던 데에서 기인합니다. 신용카드 자체가 너무 흔하다 보니, 굳이 간편 결제의 필요성을 못 느낀 겁니다. 반면 신흥국가는 현금 사용 비중이 높다 보니 온라인 결제로 넘어가는 데 어려움이 많았습니다. 그래서 간편송금이나, QR결제가 역설적으로 빠르게 도입될 수 있었습니다. 하지만 이제는 거지도 QR코드를 내걸고 구걸을 한다는 중국의 모습은 이제 전 세계가 따라잡아야 할 모델이 되어가고 있습니다.

이와 같은 슈퍼앱을 상징하는 대표적인 플랫폼이 중국의 위챗입니다. 위챗은 인앱 미니프로그램 샤오청쉬로 엄청난 부가가치를 일으키고 있습니다. 중국인들은 샤오청쉬를 통해 게임, 콘텐츠를 즐기거나 결제, 공과금 납부, 전자상거래까지 다양한 서비스를 통합하여 이용하고 있습니다. 애플의 앱스토어나 구글의 플레이 스토어를 앱 내로 들여온 셈입니다. 특히 이러한 부가 기능들은 범용적인 편의성을 제공하는 동시에 다양하게 분화된 고객의 니즈에도 기민하게 대응할 수 있었습니다. 이렇게 위챗이 성공하자 중국의 다른 거대 플랫폼들이 벤치마킹하기 시작하였고, 이제는 심지어 선진 시장인 북미의 서비스들마저 이와 유사한 움직임을 보이고 있습니다. 승차 공유 앱이던 우버와 그랩이 배달 서비스나 금융 서비스까지 제공하기 시작한 것이 대표적인 사례입니다. 국내에선 카카오가 가장 적극적으로 슈퍼앱 전략을 받아들이고 있습니다. 카카오톡 내에 검색 탭, 쇼핑 탭 등을 추가한 것의 배경이 여기에 있습니다.

당연히 대부분의 앱들은 슈퍼앱이 되고 싶어 합니다. 그러나 슈퍼앱은 아무나 될 수 없습니다. 슈퍼앱은 다수의 이용자를 먼저 모은 후, 기능을 점차 확산해가며 만들어야 합니다. 하지만 트래픽은 모으고 싶다고 누구나 모을 수 있는 게 아닙니다. 대부분의 경우, 치열한 경쟁 끝에 단일 기능 앱들 중 압도적인 1등이 되어야만 가능합니다. 따라서 이러한 슈퍼앱들은 플랫폼의 파워는 물론이고, 이미 시장 하나를 지배해온 역량과 노하우 또한 가지고 있습니다. 그렇기에 이들의 진격을 기존 커머스 플레이어들은 두려워할 수밖에 없습니다.

슈퍼앱은 왜 커머스를 노리는가?

그렇다면 슈퍼앱들은 왜 굳이 경쟁이 치열한 커머스 시장 진출을 원하는 걸까요? 답은 간단합니다. 아무리 경쟁이 치열해도 돈을 벌기 가장 쉬운 곳이 커머스이기 때문입니다. 아무리 많은 트래픽을 모아도 수익화하는 것은 쉽지 않습니다. 그래서 많은 트래픽을 모으고도 돈을 벌지 못해 사라진 서비스들은 부지기수로 많습니다. 수익모델을 갖추지 못한 채 쌓인 트래픽은 오히려 독이 될 뿐입니다.

물론 커머스 말고도 돈을 버는 방법은 많습니다. 특히 광고는 슈퍼앱들이 가장 먼저 시도하는 분야이기도 합니다. 구글, 페이스북은 물론이고, 국내의 네이버나 카카오도 처음에는 광고로 돈을 벌기 시작했고, 심지어 현재도 주 수입원은 광고입니다. 하지만 광고만으로는 한계가 존재합니다. 우선 광고 매출은 무한히 성장할 수 없습니다. 광고에 대해 사용자들이 본능적인 거부감을 가지고 있기 때문입니다. 그래서 슈퍼앱은 광고 영역을 무한히 늘릴 수 없습니다. 또한 모아진 트래픽은 언젠가는 한계에 도달하기 마련입니다.

한정된 광고 상품에 트래픽마저 안정기에 접어들면 광고 수입도 서서히 정체될 수밖에 없습니다.

그러나 전 세계적으로 이커머스는 성장하는 산업입니다. 물론 디지털 광고 시장도 커지고 있긴 하지만, 성장성 자체는 커머스 쪽이 더 낫습니다. 더욱이 광고와 달리 고객을 자연스럽게 커머스로 이끌 수 있습니다. 국내에서 이러한 방식으로 성공을 거둔 곳이 바로 네이버입니다. 네이버는 슈퍼앱의 웹 버전이라 할 수 있는 포털을 운영하면서 커머스로 은근슬쩍 영역을 넓힙니다. 가장 핵심적인 서비스였던 검색이 쇼핑과도 연관성이 높았던 것이 네이버에게는 행운으로 작용했던 겁니다. 처음에는 가격 비교에서 시작하더니 오픈마켓 서비스를 론칭하였고, 지금은 거래액 규모 1위 사업자로 우뚝 섰으니 말입니다.

진짜 센 놈이 온다

이렇게 슈퍼앱의 시대가 도래하자, 2020년 정말 센 두 녀석이 본격적인 커머스 진출을 선언하였습니다. 그 녀석들은 작년을 기점으로 슈퍼 슈퍼한 앱으로 떠오른 유튜브와 오늘날 국내에서 가장 잘 나가는 SNS 인스타그램입니다.

먼저 유튜브는 쇼핑 익스텐션 서비스를 시범 운영하며 포문을 열었습니다. 쇼핑 익스텐션 서비스는 "SHOP NOW" 버튼을 광고 영

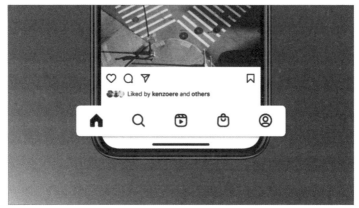

상 하단에 넣어 상품 정보와 가격이 적힌 카탈로그 페이지로 바로 이동할 수 있게 한 것입니다. 일종의 쇼핑몰 기능을 하는 페이지가 새로 생긴 것이라 할 수 있습니다. 물론 아직 단순 상품 연계 기능만으로 기존의 이커머스 플레이어들을 위협할 정도는 아닙니다. 하지만 향후 유튜브가 지속적으로 연관 기능을 추가한다면? 충분히 위협적인 상대로 떠오를 것 같습니다.

그리고 인스타그램은 보다 적극적입니다. 페이스북 샵을 론칭하고, 아예 페이스북 내에서 구매까지 가능하도록 설계하였기 때문입니다. 동시에 인스타그램 샵을 미국에서 론칭하면서, 이러한 기능이 곧 인스타그램까지 확장될 것을 시사하였습니다.

인스타그램이 커머스에 진심이라는 건, 2020년 연말에 전격적으로 이루어진 탭 메뉴 개편에서 알 수 있습니다. 무려 쇼핑 탭을 홈

화면 하단에 배치한 건데, 원래는 활동 탭이 있던 걸 과감하게 바꾼 겁니다. 많은 사용자들이 이를 비판하기도 했습니다. 익숙하던 화면이 바뀐 것도 불편한데, 돈을 벌겠다는 의도가 노골적으로 담긴 쇼핑 기능이라니 더 분노했던 겁니다. 하지만 오히려 페이스북 숍스 이용을 주저하던 브랜드와 셀러들은 이를 기점으로 인스타그램 활용폭을 넓혀가고 있는 모양새입니다. 게시물에 태그를 걸어 놓고, 이를 페이스북 숍스를 통해 자체 쇼핑몰까지 이어가는 행동 흐름이 드디어 완성되었기 때문입니다.

특히나 페이스북의 공세가 무서운 것은 이들의 파트너도 어마어마하기 때문입니다. 북미에서는 아마존의 경쟁자로 꼽히는 쇼피파이와 동맹을 맺었습니다. 쇼피파이는 국내에선 잘 알려져 있지 않지만, 북미에서는 아마존에 이어 이커머스 점유율 2위의 거대한 기업입니다. 우리가 잘 모르는 건 쇼피파이가 플랫폼 기업이 아니라 쇼핑몰 솔루션을 제공하는 B2B 기업이기 때문입니다. 그래서 쇼피파이 진영에 있는 유명 쇼핑몰들은 많지만, 자체적으로 트래픽을 보유하고 있지 못하기에 아마존과 상대하는 데 한계가 있었습니다. 하지만 부족하던 트래픽을 페이스북이 메꿔주고, 커머스 기능은 쇼피파이가 보완하는 환상의 복식조가 구성된 셈입니다.

페이스북은 이러한 전략을 국내에서도 이어가고 있습니다. 바로 국내 쇼핑몰 분야 호스팅 1위인 카페24와 손을 잡는 형태로 말입니다. 카페24는 거래액 규모로 국내 2위는 아니지만, 쇼핑몰 솔루션 분야에서는 압도적 1위입니다. 하지만 늘 트래픽과 스마트스토어라는 솔루션을 모두 가진 네이버에게 어쩔 수 없이 밀릴 수밖에 없었습니다. 아마존에 밀린 쇼피파이와 비슷한 고민을 하고 있던 겁니다. 그래서 페이스북과 손을 잡았던 것 같습니다. 이렇듯 페이스북은 핵심 서비스의 대대적인 UX 개편도 마다하지 않고, 전략적 파트너도 적극적으로 구하는 등 매우 진지하게 커머스를 바라보고 있습니다.

국내 슈퍼앱들도 만만치 않습니다

글로벌한 슈퍼앱이 유튜브와 페이스북, 인스타그램이라면 국내의 대표 주자는 역시 카카오입니다. 카카오는 대표적인 커머스 업계의 잠룡이라 할 수 있습니다. 현재 1, 2위인 네이버와 쿠팡을 위협할 수 있는 가장 유력한 후보로 손꼽히고 있기 때문입니다. 카카오의 잠재력은 엄청납니다. 2020년을 기점으로 이미 가장 유력한 플랫폼 중 하나로 자리잡았습니다. 추정 연간 거래액이 9조 원에서 10조 원 사이라 하니 말입니다. 이 정도 규모면 시장 5위 수준입니다. 여기에 라이브 커머스 서비스를 정식으로 론칭하며 더욱 공격적인 확장을 시도하고 있습니다. 또한 카카오프렌즈 관련 사업도 이관받은 터라 가용한 무기는 더욱 늘어났습니다. 그래서 카카오가 이베이 인수전에 뛰어들지 않을까 하는 예측도 많았습니다. 하지만 오히려 지그재그를 품에 안으며, 카카오스러운 커머스를 보여줄 것으로 기대됩니다.

그렇다고 커머스는 네이버, 카카오 같은 매우 큰 사업자만 진출하는 것도 아닙니다. 서두에 나온 줌의 사례처럼 전혀 뜬금없는 앱이 커머스로 사업을 확장하기도 합니다. 그중 하나가 직장인 익명 커뮤니티 앱 블라인드입니다. 블라인드의 메인 서비스는 커뮤니티였습니다. 직장인들이 모여 애환을 나누고, 정보도 교환하였습니다. 그래서 채용 관련 시장으로 진출한다고 했을 때 이상하게 생각한 사람들은 아무도 없었을 겁니다. 근데 블라인드가 2020년 10월 뜬금없이 한우를 팔기 시작합니다. 한우만 판 건 아닙니다. 주방 식기나 블루투스 스피커 등 다양한 상품을 최저가로 판매하며 블라인드 이용자들을 유혹하고 있습니다. 커뮤니티에선 고수지만, 커머스에선 초보인 이들이 최저가 상품을 확보한 노하우는 간단합니다. 블라인드라는 서비스 특성에 알맞게 폐쇄몰 형태로 상품을 들여온 겁니다. 보통 기업들의 복지몰이 이러한 형태로 운영되는데 나름 서비스와 핏이 잘 맞는 방법을 택한 겁니다. 아직 블라인드의 쇼핑 외도가 얼마나 성공했는지 알려지지는 않았지만, 트래픽만 모으면 커머스로 진출하는 건 정말 쉽다는 걸 잘 보여주는 사례가 아닐까 싶습니다.

슈퍼앱, 위기이자 곧 기회다

무한도전부터 놀면 뭐하니까지 김태호 PD의 프로그램들은 음악과 연관이 깊습니다. 무한도전 가요제나 싹쓰리, 환불원정대, MSG워너비의 음원들은 모두 음원 차트 1위를 휩쓸기도 했습니다. 이러한 성공을 가요계 일부 관계자들은 곱지 않은 시선으로 바라봤습니다. 우리의 밥그릇을 뺏는다고 생각했던 것 같습니다. 그런데 이러한 비판에 또다시 반론을 제기한 사람들이 있었습니다. 아니 가수들도 예능이나 연기에 그렇게 진출하면서 그건 생각 못한다는 쓴소리였습니다.

갑자기 방송 이야기로 시작한 건 슈퍼앱이 가져온 위기는 곧 커머스 기업에게 기회이기도 하기 때문입니다. 슈퍼앱은 말그대로 막대한 트래픽을 보유한 하나의 앱이 여러 기능을 수행하며 돈을 버는 것을 말합니다. 그러면 커머스 앱도 슈퍼앱이 될 수 있지 않겠습니까? 커머스 업계의 대장, 아마존은 대장답게 슈퍼앱의 위용을 뽐냅니다.

시장 조사 업체 이마케터에 따르면 2020년 미국 디지털 광고 시장에서 아마존이 차지하는 비중이 두 자릿수를 돌파했다고 합니다. 2019년 7.8%에서 10%까지 성장한 겁니다. 물론 구글의 28.9%, 페이스북의 25.2%에 비하면 여전히 작은 점유율이긴 합니다. 하지만 다르게 말하면 수많은 플랫폼과 슈퍼앱 중 구글과 페이스북을 제외하면 아마존이 최고라는 겁니다. 더욱이 구글은 구글, 유튜브 등

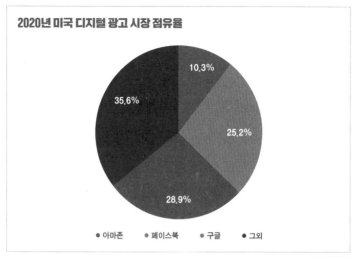

〈도표3-1〉 디지털 광고 시장 점유율 10%, 순위는 3위인 아마존 대단합니다!

2020년 미국 디지털 광고 시장 점유율

10.3%

25.2%

28.9%

35.6%

● 아마존   ● 페이스북   ● 구글   ● 그외

(출처: 이마케터)

을 페이스북은 페이스북, 인스타그램 등 다양한 서비스들을 산하에 거느린 반면, 아마존은 거의 아마존 하나에 의존하고 있으니 만만치 않은 규모라 할 수 있습니다. 이처럼 커머스 앱도 광고 사업이 가능합니다. 광고 사업이 가능하다면 다른 서비스도 당연히 가능하지 않겠습니까? 아마존만 해도 본업인 쇼핑 말고도 아마존프라임 비디오라는 OTT 서비스도 제공하고 있으니 말입니다.

국내에선 쿠팡이나 당근마켓이 슈퍼앱의 반열에 오른 대표적인 경우라 할 수 있습니다. 쿠팡은 커머스를 넘어서 배달, OTT 등으로 사업 영역을 공격적으로 확장하고 있습니다. 현재는 비록 쇼핑 관련 광고 사업만 운영 중이지만 앞으로 더욱 확대할 가능성이 충분합니다. 당근마켓의 케이스는 더욱 특별합니다. 아예 매출을 거래 수수료가 아닌 광고 사업으로만 벌고 있으니 말입니다. 더욱이 중고 거래 커머스가 아니라 아예 본업을 커뮤니티로 정의하며, 진정한 슈퍼앱의 모습을 보여주고 있습니다.

또한 네이버의 경우 원래 슈퍼앱이고 오히려 커머스로 확장한 케이스지만, 네이버 쇼핑 광고 사업을 지속적으로 확장 중입니다. 특히 스마트 스토어가 계속 성장하면서 포털 배너광고만으로는 정체되어 있던 것이 다시 성장하기 시작했습니다. 커머스 관련 트래픽이 쌓이는 것만으로도 새로운 수익 창출의 기회가 생긴다는 것을 보여준 좋은 사례입니다.

나도 슈퍼앱이 될 거야!

따라서 커머스가 슈퍼앱에 대항하는 가장 좋은 방법은 트래픽을 계속 늘리는 겁니다. 그러면 슈퍼앱의 침공 속에서도 반격이 가능할 뿐 아니라 스스로가 슈퍼앱이 될 수도 있기 때문입니다. 그래서 이들은 보통 스케일업이라 부르는 마케팅 캠페인을 벌입니다. 스케일업은 말그대로 스케일, 크기를 키우는 겁니다. 더 많은 사람들을 모아 덩치를 키우는 마케팅 액션을 의미합니다.

스케일업을 위해 가장 많이 각광받는 수단이 바로 TV 광고입니다. 심지어 TV 방송사를 스타트업, 특히 커머스 기업들이 먹여 살리는 게 아닐까 하는 생각마저 듭니다. 대표적인 경우만 떠올려도 마켓컬리의 전지현, 무신사의 유아인, 지그재그의 윤여정까지 유명한 연예인 모델들을 기용할뿐 아니라, 광고 편성도 공격적으로 진행합니다. 여기에 버스나 지하철 광고까지 전방위적인 마케팅을 진행합니다. 과거에는 이러한 활동들이 더 빠른 성장을 위한 수단인 경우가 많았습니다. 하지만 이제는 생존을 위한 필수 수단의 성향도 어느 정도 갖는 것 같습니다.

또한 스스로가 슈퍼앱이 될 수 없다면 인수합병, 전략적 제휴 등을 통해 거대한 동맹을 형성하는 것도 새로운 대안으로 떠오르고 있습니다. 신세계-이마트가 네이버가 주도하는 연합에 참여한 것이나, 지그재그가 카카오의 자회사로 편입된 경우가 대표적입니다. 이들은 슈퍼앱에게 먹히는 것보다 오히려 마치 위챗의 미니 프로그램처럼 슈퍼앱과 함께 생존하는 길을 택한 것 같기도 하다는 생각이 듭니다.

우리는 늘 그랬듯이 해결책을 찾을 것이다

이제 선을 넘는 녀석들, 슈퍼앱의 등장으로 커머스 시장의 경쟁은 더욱 더 치열해지고 있습니다. 따라서 생존에 기로에 선 거머스 플레이어들의 고민도 깊어지고 있습니다. 결국 살아남기 위해서는 절대 뺏기지 않을 충성도 높은 고객들을 잡거나, 슈퍼앱만큼의 덩치를 키우거나 그게 어렵다면 하나로 뭉쳐서 대항해야 합니다.

그래서 온라인 식료품 카테고리가 태풍의 핵으로 떠오르고 있습니다. 우선 식료품 시장은 규모는 큰데 온라인 비중은 작아서 향후 성장 가능성이 크고, 자주 구매해야 하는 상품군이므로 충성도 높은 고객들을 모으기도 용이하기 때문입니다. 특히 과거에는 온라인에서 장보는 것 자체가 너무나도 어색한 일이었지만, 코로나 이후로는 강제로 익숙해지면서 빠르게 성장하고 있습니다. 다음 챕터에서는 바로 이러한 1등 온라인 마트를 선점하기 위한 경쟁을 다뤄보도록 하겠습니다.

왜 화려한 쿠폰은
식료품만 감싸는 걸까?

가수 비가 쿠팡에 다시 등장했습니다. 대표적인 스타 커플 중 하나인 김태희 · 비 부부가 처음 알게 된 계기가 쿠팡의 모델 동반 발탁이란 건 잘 알려진 사실인데요, 그 뒤 10년 만에 다시 모델로 기용되며 화제가 되었다고 합니다. 그런데 비를 모델로 삼았다는 소식보다 더 놀라웠던 점은 이번 캠페인에서 쿠팡이 내세웠던 혜택 내용이었습니다. 무려 로켓배송 전 상품 무료 배송 이벤트를 시작한 것입니다. 심지어 이번 이벤트의 종료일은 따로 밝히지 않았습니다. 업계에서는 상장으로 확보한 대규모 자금으로 쿠팡이 충성 고객 늘리기에 본격적으로 나선 것이 아니냐고 해석하고 있습니다. 하지만 쿠팡의 이러한 액션은 사실 오래전부터 테스트 되고 준비해왔던 것이었습니다. 쿠팡은 네이버를 비롯한 슈퍼앱들의 공습이 있을 것에 대비하여 고객 로열티를 높이기 위한 여러 액션들을 해왔고, 어느 정도 답안을 찾은 것으로 보입니다. 그리고 그 전략의 핵심에는 온라인 마트가 있습니다.

온라인 마트, 특히 식품 카테고리에 대해 이커머스 기업들은 모든 역량을 집중하고 있습니다. 온라인 침투율이 가장 낮은 카테고리여서 성장 가능성도 큰 데다가, 한번 잡으면 고객을 붙잡아 두기도 쉽기 때문입니다. 식품은 신선도나 직접 확인해야 하는 품질이 중요하기 때문에 온라인 침투율, 즉 온라인으로 사는 비중이 가장 낮은 상품군이기도 했습니다. 하지만 옷이나 신발을 사는 매장이나 브랜드는 자주 바뀌지만, 장을 보는 곳은 거의 정해져 있다는 걸 보면 알 수 있듯이 한번 고객의 인식 속에 자리 잡으면 강력한 구속력을 발휘하는 카테고리입니다. 따라서 이마트는 오랜 기간 국내 유통의 최강자로 군림해왔습니다.

하지만 그러한 이마트는 이미 2019년부터 흔들리기 시작합니다. 기저귀와 같은 생필품을 적극적으로 공략했던 쿠팡 등 이커머스 업체와의 경쟁으로 점차 실적이 악화되기 시작한 겁니다. 그래서 이마트는 2019년 2분기, 창사 이후 최초로 분기 영업이익 적자까지 기록하기에 이릅니다. 이러한 때 쿠팡은 로켓프레시 서비스를 출시하며 생필품에서 신선식품까지 영역을 확장하기 시작하고, 마켓컬리 같이 새벽 배송을 앞세운 플랫폼들의 성장세도 무서웠습니다. 그리고 2020년 우리에게 찾아온 코로나19는 또다시 큰 변화의 바람을 일으킵니다. 이미 이전부터 진행되던 변화의 속도와 폭이 코로나19가 촉매제로 작용하여 무지하게 빨라지고 커진 겁니다.

4년보다 컸던 2개월

어느덧 마스크를 쓰고 외출하는 게 익숙해진 코로나 시대 2년차. 우리는 이전의 삶을 그리워하면서도, 이미 그때의 삶으로 온전히 되돌아갈 수 없다는 걸 체감하고 있습니다. 모두가 백신을 접종받고 더 이상 마스크를 쓰지 않고 외출을 할 수 있게 되어도, 우리의 달라진 여러 행동 방식들까지 모두 이전으로 돌아가진 않을 것이기 때문입니다. 그만큼 우리의 삶은 극적으로 변화했고, 무엇보다 그에 따라 소비 행태도 자연스레 이전과는 달라졌습니다. 그리고 그것은 정말 일상적이기에 가장 느리게 변화해왔던 식료품 구매에서도 마찬가지였습니다.

오픈서베이는 코로나19가 가장 극심하게 유행하던 2020년 4월, 발 빠르게 코로나가 미친 영향에 대한 보고서-오픈서베이 코로19 리포트를 발표하였습니다. 20~59세까지 인구 비례에 맞춰 구성된 약 400명의 오픈서베이 패널의 푸드 다이어리 데이터를 격주 단위로 수집하여 분석한 내용으로, 2020년 2월 11일에서 4월 27일까지 얼마나 극적으로 고객의 행동이 변화되는가를 잘 확인할 수 있었습니다.

저도 보고서를 보기 전에는 고작 유행이 시작된 지 2개월 남짓의

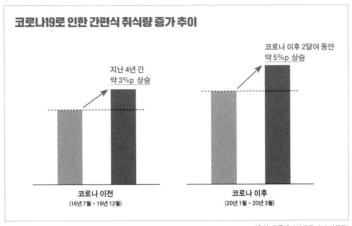

코로나19로 인한 간편식 취식량 증가 추이

코로나 이후 2달여 동안
약 5%p 상승

지난 4년 간
약 3%p 상승

코로나 이전
(16년 7월 ~ 19년 12월)

코로나 이후
(20년 1월 ~ 20년 3월)

(출처: 오픈서베이 코로나19 리포트)

짧은 기간 동안 무엇이 변화했을까 싶었습니다. 하지만 보고서 결과는 가히 충격적이었습니다. 2개월간 일어났던 변화는 그 이전 4년 동안의 그것보다 더 컸기 때문입니다. 이를 단적으로 보여준 지표가 간편식 취식량이었습니다. HMR, 즉 간편식 시장은 매년 성장한다고 기사도 많이 났지만, 지난 4년 동안 취식량은 고작 3% 증가했을 뿐이었습니다. 하지만 코로나 이후 두 달 동안 이 지표는 무려 5%나 상승합니다. 말 그대로 4년보다 더 숨가쁘게 변한 2달이었던 겁니다.

그리고 1년 후, 확실히 식료품 시장의 주도권은 오프라인에서 온라인으로 움직이고 있습니다. 오픈서베이의 온라인 식료품 구매 트렌드 리포트 2021에서 이러한 변화를 다시 한번 확인할 수 있었

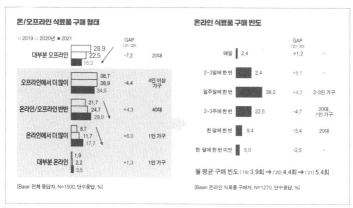

〈도표3-3〉확실히 우리는 코로나 이후 온라인에서 더 많이, 자주 삽니다

온/오프라인 식료품 구매 형태

□ 2019 □ 2020년 ■ 2021

		GAP ('21-'20)	
대부분 오프라인	28.9 / 22.5 / 15.3	-7.2	20대
오프라인에서 더 많이	38.7 / 38.9 / 34.5	-4.4	4인 이상 가구
온라인/오프라인 반반	21.7 / 24.7 / 29.0	+4.3	40대
온라인에서 더 많이	8.7 / 11.7 / 17.7	+6.0	1인 가구
대부분 온라인	1.9 / 2.2 / 3.5	+1.3	1인 가구

[Base: 전체 응답자, N=1500, 단수응답, %]

온라인 식료품 구매 빈도

		GAP ('21-'20)	
매일	2.4	+1.2	
2-3일에 한 번	2.4	+5.1	
일주일에 한 번	38.2	+4.2	2-3인 가구
2-3주에 한 번	22.5	-4.7	20대, 1인 가구
한 달에 한 번	9.4	-3.4	20대
한 달에 한 번 미만	5.0	-2.5	

월 평균 구매 빈도 ('19) 3.9회 → ('20) 4.4회 → ('21) 5.4회

[Base: 온라인 식료품 구매자, N=1270, 단수응답, %]

(출처: 오픈서베이 식료품 구매 트렌드 리포트 2021)

기 때문입니다. 해당 리포트는 2021년 1월 22일에 국내 거주하는 20~49세 여성 1,500명을 대상으로 진행된 조사 내용을 바탕으로 하기에, 코로나 19 이후 우리의 쇼핑 행태가 어떻게 변했는지 명확하게 알려줍니다.

이제 우리는 3명 중 1명은 온라인과 오프라인에서 식료품을 구매하는 비중이 같고, 5명 중 1명은 온라인에서 더 많이 사는 시대에 살고 있습니다. 더욱이 온라인 식료품 구매 빈도도 점차 증가하고 있습니다. 아마존이 그랬듯이, 이커머스의 시작은 온라인 서점이었습니다. 그 이후 티켓이나 전자제품 등의 비중이 커졌고, 최근 들어 가장 높은 성장세를 보인 건 화장품, 그리고 생활용품이었습니다. 품질이 균질적이고, 개개인의 차이가 덜 한 카테고리부터 성장하였고, 사이즈나 핏에 민감한 패션은 아무래도 뒤늦게 성장한 측면이 있었던 겁니다. 하지만 이제 시장은 완전히 열린 것 같습니다.

아마존도 실패했던 오프라인의 주도권 가져오기가 가능했던 건 역시 코로나의 영향이 큽니다. 그동안 가격, 배송, 품질 등 온라인 플랫폼이 오프라인보다 여러 면에서 경쟁력이 떨어져서 식료품의 온라인 침투가 타 상품군 대비 지지부진했던 건 아닙니다. 오히려 습관의 문제에 가까웠습니다. 습관적으로 오프라인에서 구매하다 보니, 굳이 온라인에서 구매할 필요가 없었던 겁니다.

하지만 코로나는 이들 전통적 소비자들마저 오프라인으로 이끌었습니다. 아니 정확히는 그럴 수밖에 없도록 만들었습니다. 간단한 외출마저 주저하던 시기에 장을 보러 가기는 어려우니 말입니다. 이러한 우여곡절 끝에 처음 주문해본 온라인 마트, 생각보다 편리합니다. 걱정하던 상품의 신선도와 품질도 훌륭합니다. 이렇게 만족한 고객은 코로나가 비교적 잠잠해진 이후에도 대형마트로 돌아가지 않게 됩니다. 마켓컬리에 따르면 2019년 가입한 신규 고객의 재구매율이 무려 61.2%였다고 합니다. 평균적인 이커머스 업계의 재구매율인 28.8%보다 두 배나 높은 수준입니다. 이처럼 식품은 재구매율 자체도 높을뿐더러, 자체 경쟁으로 퀄리티와 가격 경쟁력도 많이 올려놓은 상황이었습니다. 준비된 상황에서 맞이한 기회, 놓칠 리가 없었던 겁니다.

쿠팡의 포석은 생수에서 시작되었다

이러한 시장 변화에 가장 기민한 대응을 보인 곳은 역시나 쿠팡이었습니다. 쿠팡은 이미 로켓배송을 론칭하고, 분유와 기저귀라는 핵심 제품을 잘 잡아서 대형마트의 간담을 서늘하게 했던 좋은 기억을 가진 기업입니다. 이렇게 쿠팡에서 시작된 변화로 말미암아, 지난 2016년에 이미 분유와 기저귀는 오프라인보다 온라인 판매 비중이 커졌다는 사실 알고 계십니까? 더욱이 쿠팡은 기저귀와 분유를 둘러싼 이마트와의 가격 경쟁에서도 판정승을 거두기도 했었습니다. 이때의 승리야말로 현재의 쿠팡을 만든 가장 중요한 분기점 중 하나였습니다. 이렇게 훌륭한 성공 노하우를 가진 쿠팡의 고객 로열티팀은 이번엔 다른 제품에 집중하기로 합니다. 오프라인에서 온라인으로 이동 중인 소비자들의 시선을 확 끌면서, 식료품 시장에서의 경쟁에서 단숨에 우위를 차지할 수 있는 그런 제품을 말입니다.

이와 같은 배경에서 쿠팡이 간택한 상품은 바로 생수였습니다. 우리가 늘 먹으면서 주기적으로 구매할 수밖에 없는 상품이고, 동시에 공산품이기 때문에 품질은 균질하면서, 무게가 무거워서 집 근처가 아닌 차량을 가지고 대형마트 방문 시 사 오던 바로 그 제품 말입니다. 물론 그렇기에 생수는 이전부디 온라인 침투 비중이 높은 편이긴 했습니다. 하지만 여전히 절반 이상은 오프라인에서 사 오는 제품이기도 했습니다. 비교적 젊은 부모 고객들만 사는 기저

(출처: 쿠팡)

〈그림3-2〉쿠팡은 생수에서 시작해, 생필품, 신선식품까지 이어 갑니다

귀와 달리 생수는 전 연령대에서 고르게 구매하는 제품이었습니다.

생수 시장을 겨냥한 쿠팡의 이상 행동이 감지된 것은 2020년 4월 말이었습니다. 이전까지 쿠팡은 쿠폰 할인이나, 푸시 마케팅에 적극적인 플랫폼은 아니었습니다. 할인을 통한 가격 우위보다는 배송 인프라 기반의 서비스 우위로 경쟁하던 곳이었기 때문입니다. 그러던 쿠팡이 갑자기 돌변합니다. 이틀에 한 번 꼴로 생수 할인 메시지를 보내기 시작한 겁니다. 아니 남발했다는 표현이 어울릴 정도로 정말 지겹도록 보내왔습니다. 더욱이 적자 이슈로 소극적으로 활용하던 할인 쿠폰마저 붙여가며 말입니다.

이러한 쿠팡의 액션은 유의미했을까요? 수치는 거짓말을 하지 않습니다. 생수 마케팅 이후, 쿠팡의 방문 지표는 상당히 개선됩니다. 2020년 4월은 코로나 확진자 수가 차츰 진정되어가며, 쿠팡의 성장도 주춤하던 시기였습니다. 하지만 쿠팡의 생수 쿠폰 마케팅 이후 쿠팡의 방문자 수는 다시 상승 곡선을 그리기 시작합니다. 심지어 같은 시기 경쟁자인 티몬, 위메프 등은 방문자 수가 정체되고 있었습니다. 어떤 액션이 성공적이었는지 판가름하는 중요한 기준 중 하나는 얼마나 많은 경쟁사가 이를 따라 하는가입니다. 그런 면에서 쿠팡의 생수 마케팅은 매우 성공적이었습니다. 어느 날부턴가 은근슬쩍 티몬과 위메프도 생수 할인 푸시 메시지를 보내기 시작했기 때문입니다.

쿠팡은 다 계획이 있었구나

쿠팡은 단지 생수를 많이 팔고자 했던 게 아니었습니다. 사실 생수는 첫 시작일 뿐 더 큰 계획을 가지고 있었습니다. 먼저 처음 쿠팡이 보낸 메시지에는 유명 브랜드 생수 상품들이 담겨 있었습니다. 하지만 어느 순간부터 쿠팡은 자체 PB상품인 탐사수를 집중적으로 홍보하기 시작합니다. 그러면서 탐사수는 타 상품들을 제치고 1위 상품으로 올라섭니다. 하지만 이보다 더 무서웠던 건 그 다음 행보입니다.

　생수로 시작한 쿠팡의 액션은 물티슈 같은 생필품부터, 우유와 같은 다른 식품 상품까지 이어집니다. 마치 앞으로 장은 우리한테 와서 보라고 말하는 것처럼 말입니다. 그리고 2021년 들어서는 다음 스텝으로 넘어갑니다. 축산, 수산 식품과 같은 신선 카테고리로

(출처: 쿠팡)

방향을 옮긴 겁니다. 고기 할인 행사를 알리거나 수산물 특가전을 여는 등 다양한 방법을 통해 쿠팡의 로켓프레시에서 식품을 구매해 보도록 유도합니다. 또한 프리미엄 식품관 파인 테이블을 만들어, 퀄리티 측면에서도 고객의 인식을 바꾸고자 노력합니다. 이들이 이렇게 단계적으로 액션을 펼친 이유는 식료품 시장의 구조에 있습니다. 고객들은 코로나로 많이 바뀌긴 했지만, 여전히 장은 오프라인에서 보거나 온라인 마트를 이용하더라도 신선식품은 사지 않는 비중이 높습니다. 더욱이 코로나 팬데믹에도 불구하고 행동 양식을 바꾸지 않은 고객들이라면 이러한 습관은 더욱 더 딱딱하게 굳어 있지 않겠습니까? 그래서 비교적 시도하기 쉬운 생수부터 시작해서 타 생필품, 그리고 신선식품 중에서도 도전할 만한 축산으로 이어가며 고객들을 끌어들이기 시작한 것입니다.

더욱이 쿠팡이 비교적 신선 카테고리에 약하다는 이미지를 가진 것도 사실이었고 말입니다. 하지만 이렇게 차근차근 시장을 장악하

각 온라인몰 별 가장 만족도가 높은 식료품 Top6

emart mall

	1순위	1+2+3순위
냉장/냉동식품류	15.3	36.7
정육	11.3	23.3
생수/음료	12.0	22.7
과자류	7.3	21.3
유제품	8.0	21.3
라면/면류	4.0	18.7

Homeplus

	1순위	1+2+3순위
과자류	12.0	34.7
라면/면류	7.3	26.0
정육	12.7	23.3
생수/음료	13.3	22.0
유제품	2.7	18.0
냉장/냉동식품류	4.7	15.3

MARKET Kurly

	1순위	1+2+3순위
베이커리/빵	10.7	28.7
간편식·요리류	15.3	25.3
냉장/냉동식품류	9.3	19.3
정육	6.7	16.0
유제품	6.0	16.0
채소류	6.0	15.3

coupang

	1순위	1+2+3순위
생수/음료	15.3	26.0
과자류	14.0	23.3
유제품	11.3	19.3
라면/면류	6.0	18.0
커피/차	7.3	18.0
간편식·요리류	7.3	14.7

위메프

	1순위	1+2+3순위
가공식품류	10.7	26.7
생수/음료	13.3	25.3
과자류	9.3	22.7
냉장/냉동식품류	10.7	19.3
라면/면류	8.7	18.7
커피/차	8.7	18.0

11번가

	1순위	1+2+3순위
생수/음료	14.0	30.0
커피/차	12.7	22.7
과자류	6.7	18.0
가공식품류	12.0	17.3
냉장/냉동식품류	10.0	16.7
라면/면류	6.0	16.7

Gmarket

	1순위	1+2+3순위
커피/차	14.0	28.0
가공식품류	10.0	23.3
생수/음료	13.3	25.3
라면/면류	8.7	21.3
냉장/냉동식품류	9.3	20.0

N 쇼핑

	1순위	1+2+3순위
커피/차	14.0	26.0
과자류	12.0	20.7
생수/음료	11.3	20.7
가공식품류	10.7	16.0
냉장/냉동식품류	8.0	16.0
간편식·요리류	7.3	14.7

(출처: 오픈서베이 식료품 구매 트렌드 리포트 2021)

기 위해 준비를 해오고 있었다는 건 무섭지 않습니까? 더욱이 상장으로 여유 자본을 확보하자마자, 전체 로켓배송 배송비 무료를 선언하며 판을 키워가고 있는 겁니다.

식료품을 바라는 건 쿠팡만이 아니다

하지만 당연히 이러한 시장의 흐름을 쿠팡만 읽고 있는 건 아닙니다. 다른 경쟁자들도 온라인 마트 시장을 선점하기 위해 애를 쓰고 있습니다. 로켓프레시처럼 사실 다른 큰 플랫폼들은 한 번씩은 장보기 서비스를 출시하곤 했었습니다. 당시만 해도 아직 시장이 완전히 열리지 않은 데다가, 비용이 많이 드는 사업이라 확장하지 못했을 뿐입니다. 그렇지만 이렇게 상황이 변하게 되자 마트 서비스들도 다시금 선보이기 시작했습니다.

여기서 가장 주목받은 곳은 네이버의 장보기 서비스입니다. 네이버 장보기 서비스는 네이버가 직접 상품을 소싱하거나 배송하지 않는 서비스로, 홈플러스와 GS리테일의 참여로 시작되었습니다. 하지만 쿠팡처럼 상품이나 물류를 직접 관여하지 않는 상황에서 얼마나 발전할 수 있을까 의구심을 가졌던 것도 사실입니다. 그러나 네이버가 CJ대한통운, 신세계-이마트와 각기 전략적 제휴를 체결하자 상황은 변합니다. 약점으로 지적되던 부분들을 모두 보강했기 때문입니다. 그래서 앞으로 네이버 역시 장보기 시장에서 영향력을 키워갈 것으로 예상됩니다.

또한 마켓컬리도 무시할 수 없는 플레이어입니다. 이미 2020년 연간 매출 1조 원을 달성하며 규모로도 엄청나게 성장한 마켓컬리는 프리미엄 식품과 새벽 배송을 무기로 상당한 입지를 확보 중입니다. 쿠팡이 비를 택했다면, 마켓컬리도 박서준을 새로운 모델로 기용하며 대대적인 신규 고객 확보 이벤트를 시작했습니다. 이처럼 온라인 식료품 시장을 둘러싼 경쟁이 격화되면서, 결국 이목은 생수와 같은 키 상품을 누가 잡을 것인가로 쏠리고 있습니다.

결국 답은 다이어리 제품에 있다

사실 생수와 같은 상품을 지칭하는 명확한 용어는 없습니다. 회사

마다 아마 별도의 네이밍을 붙이고 특별 관리를 하겠지만 말입니다. 개인적으로 가장 맘에 드는 이름은 마켓컬리에서 붙인 '다이어리 제품'입니다. 마켓컬리는 소비자들이 매일매일 소비하는 제품을 일컬어 다이어리 제품이라 명명했는데요, 아마 매일 꺼내 보는 다이어리와 같은 특성을 가졌다는 데서 유래한 것 같습니다. 그리고 마켓컬리는 다이어리 상품을 발굴하고, 최종적으로는 이를 PB화하는 것을 핵심 전략 중 하나로 삼고 있습니다. 특정 상품을 장악하여 고객을 끌어들이고 이를 PB로 만들어 로열티와 수익성 두 마리 토끼를 모두 잡겠다는 생각인데요, 앞서 다뤘던 쿠팡의 생수 전략과도 매우 유사합니다. 실제로 마켓컬리를 상징하는 대표적인 제품이 제주 목초 우유입니다. 우유야말로, 자주 구매해야 하는 상품이니까요. 근거리 배송을 무기로 또 다른 트렌드를 만들고 있는 퀵커머스 B마트 역시 네쪽식빵을 초기에 밀어 빠르게 안착한 사례가 있습니다.

이와 같은 다이어리 제품의 장점은 여러 가지가 있습니다. 우선 고객의 방문 주기나 방문 빈도에 긍정적인 영향을 미친다는 것입니다. 매일매일 소비하는 제품이고, 더욱이 식품인 경우 주기적으로 구매를 할 수밖에 없습니다. 이렇게 자주 방문하는 고객은 결국 해당 플랫폼의 충성고객으로 전환될 가능성이 높습니다. 또한 소비 습관의 영향력이 크기 때문에 고객의 이탈률노 낮습니다. 더욱이 PB 상품이라면 더할 나위 없지 않겠습니까? 마지막으로 분수효과를 기대할 수 있습니다. 일단 방문한 고객은 발달된 큐레이션 기능에 자연스럽게 노출되고, 연계 구매를 하게 될 가능성이 큽니다. 더욱이 우리는 보통 장을 볼 때 여러 상품을 같이 사니까 말입니다.

이러한 전략은 알고 보면 매우 긴 전통을 자랑합니다. 요새는 덜 하지만 살면서 한 번쯤은 마트 전단지를 받아본 기억이 있을 겁니다. 마트 전단지에서 강조하는 상품은 사실 늘 뻔합니다. 생수, 우유, 라면, 생선, 고기 등 정해진 상품이 반복되고, 거기에 계절적 트렌드를 담은 것들만 일부 교체될 뿐입니다. 결국 고객을 끌어들이려면 이런 다이어리 제품을 공략할 수밖에 없기 때문입니다.

온라인은 플러스 알파가 있어야 성공한다

고객들은 바보가 아닙니다. 고객들의 지갑을 열고자만 한다면, 고객들을 만족시킬 수 없습니다. 어느 정도 고객에게 돌아가는 혜택이 있어야 한다는 뜻입니다. 그래서 오직 고객들을 속여 돈을 벌고자 하는 유통채널은 길게는 외면 받게 됩니다. 그렇다고 너무 퍼주기만 하면 사업을 계속 할 수 없습니다. 따라서 유통 기업은 돈을 버는 곳과 돈을 쓰는 곳을 명확히 구분하여 잘 조율할 줄 알아야 합니다.

대형마트들은 그런 면에서 로스리더라 불리는 상품을 적극 활용하였습니다. 로스, 뜻이 적자 아닙니까. 실제로 이러한 상품들은 팔면 팔수록 오히려 손해인 상품입니다. 하지만 이 상품을 사기 위해 일단 고객이 방문하면 다른 상품을 함께 사 가기에, 결국 마트는 돈을 벌게 되는 구조였던 겁니다. 이건 전혀 다른 속성을 가진 백화점도 마찬가지입니다. 최근 수년간 백화점 MD들이 가장 공을 들인 분야는 F&B, 즉 음식점과 카페였습니다. 유명 맛집과 카페 등을 들여오기 위해 목 좋은 공간을 내주고 수수료도 깎아주었습니다. 물론 이렇게 하면 그 공간만 보면 손해입니다. 하지만 동시에 백화점은 이러한 맛집들을 찾아온 많은 방문객들을 확보할 수 있었고, 이들을 통해 돈을 벌고, 성장할 수 있었습니다.

결국 온라인 식료품 시장도 기본적인 원리는 똑같습니다. 당장은 돈이 안 되고, 때로는 다이어리 제품을 손해 보며 팔더라도 일단 고객의 인지 속에서 1순위 채널로 자리 잡는 것이 중요합니다. 그렇게 돈을 잃어야 최종적으로는 돈을 벌 수 있기 때문입니다. 물론 영원히 돈을 잃어야 하는 것은 아닙니다. 특히 온라인이 싸기만 하다고 고객이 계속 찾진 않습니다. 따라서 배송과 상품 차별화를 동시에 챙겨야 합니다.

먼저 배송 차별화는 식료품에 있어서 더욱 중요합니다. 자주 구매해야 하고 쉽게 상하기 때문입니다. 쿠팡의 노림수가 여기에 있었습니다. 오늘 시키면 내일 생수가 배송되는 경험을 한 고객은 몇백 원 비싸도 쿠팡에서 다시 생수를 사게 될 것이기 때문입니다. 편리함을 일단 느껴봤으니 말입니다. 또한 새벽 배송, 풀콜드체인도 중요한 요소들입니다. 가격과 더불어 가장 중요한 요소인 신선도를 보장해주는 부분이기 때문입니다. 다만 배송 인프라는 초기 비용이 크다는 게 문제입니다. 물론 물량이 늘어나면 규모의 경제를 통해 수익 전환을 할 수 있긴 하지만 쉬운 일은 아닙니다.

상품 차별화도 중요합니다. 특히 PB화시키는 게 핵심입니다. 자체 브랜드가 아니더라도 독점 확보라도 해야 합니다. 여기서 꼭 가격이 저렴해야 하는 건 아닙니다. 일부 다이어리 제품은 명확한 차별화 요소를 만드는 것이 가능합니다. 마켓컬리의 전략이 이것인데, 제주 목초 우유는 자연순환 농법, 저온 살균 등 확실히 차별화 포인트를 지니고 있었습니다. 우유의 경우 다소 비싸더라도 컬리의 PB를 구매하게 만드는 장치를 마련한 것입니다.

그래서 누가 승리할까?

이처럼 온라인 식료품 시장은 매우 중요한 영역이지만, 아쉬운 것은 이미 승자가 갈린 것처럼 보인다는 겁니다. 쿠팡, 마켓컬리가 이미 먼저 시장을 주도하고 있고 이 둘의 우세가 올해 이후에도 무난하게 이어질 것처럼 보입니다. 배송과 상품 차별화에서 쌓아온 노하우와 투자한 인프라가 있기 때문입니다.

다만 네이버는 확실히 강력한 도전자이긴 합니다. 배송 면에서는 CJ대한통운, 상품 면에서는 이마트와의 파트너십을 통해 경쟁력을 확보했기 때문입니다. 식료품 시장은 충분히 크고, 오프라인도 이마트가 주도하긴 했지만, 홈플러스, 롯데마트 등이 나눠 가졌기 때문에 앞으로도 과점의 형태가 될 가능성이 일부 있어 보입니다.

따라서 식료품 시장의 최종 승자가 누가 되느냐보다는 이 시장에서 유의미한 점유율을 확보할 수 있느냐가 관전 포인트가 아닐까 싶습니다. 전체 이커머스 시장에서 바라보자면, 식료품 카테고리에서 일정 부분을 점유하느냐의 유무가 결국 타 카테고리에서의 경쟁도 좌우할 가능성이 크기 때문입니다. 이러한 이유로 네이버-CJ-신세계/이마트의 동맹도 탄생했다고 할 수 있습니다. 다음 챕터에서는 뭉치기를 선택한 이들과, 독자 생존을 택한 쿠팡 등을 비교하며 최종 승자가 누가 될지 이야기해보도록 하겠습니다.

나 혼자 산다 vs
뭉쳐야 산다

혹시 삼국지 좋아하시나요? 삼국지는 유비, 조조, 손권을 비롯하여 천하를 두고 여러 제후들이 경쟁하는 이야기를 다룬 역사소설입니다. 제후들은 패권을 차지하기 위해서 때론 서로 경쟁하기도 하고, 손을 잡고 협력하기도 합니다. 특히 유비와 손권이 동맹을 맺고, 막강한 조조를 적벽대전에서 물리치는 장면은 소설의 백미 중 하나입니다.

그런데 이러한 삼국지 실사판이 현실에서도 벌어지고 있다는 사실 알고 계신가요? 이커머스 시장의 경쟁은 마치 삼국지를 보듯 흥미진진합니다. 정말 드라마가 따로 없을 정도입니다. 특히 2021년 1월 28일에 있던 네이버 이해진 글로벌 투자 책임자와 신세계 정용진 부회장의 만남은 정말 인상적이었습니다. 누구도 예상치 못했던 두 기업의 실질적인 의사 결정권자들의 전격 회동은 네이버와 신세계-이마트 그룹의 전략적 제휴로까지 이어집니다. 이른바 네이버 중심의 반쿠팡 연대의 마지막 퍼즐 조각이 채워지는 순간이었습니다.

이와 같이 역동적으로 돌아가는 이커머스 시장의 경쟁구도. 하지만 이러한 움직임은 국내의 일만이 아닙니다. 전 세계 이커머스 시장을 주도하는 북미와 중국에서도 치열한 전쟁이 벌어지고 있습니다. 아무래도 이커머스 시장은 전 세계 어디든 급격히 성장하고 있는 데다가, 기술의 변화에 따라 급변하다 보니 더욱 변화무쌍한 것 같습니다.

그리고 우리는 북미, 중국, 한국 시장에서 모두 공통적인 움직임을 발견할 수 있습니다. 그건 바로 수직계열화를 통한 홀로서기와 이에 맞선 연합군 구성이라는 두 가지 전략의 대결로 좁혀지고 있다는 겁니다. 나 혼자 산다를 추구하는 자와 뭉쳐야 산다를 외치는 자들의 대결, 지금부터 다뤄보도록 하겠습니다.

구글 vs 애플, 스마트폰 전쟁과 닮았다

본격적으로 커머스 이야기를 시작하기 전에 개념 정리부터 해보겠습니다. 수직계열화, 일단 단어부터가 약간 어렵습니다. 그래서 우리에게 정말 친숙한 시장을 예시로 하여 전략의 개념과 두 가지 진영의 특성을 알아보도록 하겠습니다.

스마트폰, 이제는 우리 삶에 있어서 없어서는 안 될 필수품입니다. 우리는 스마트폰을 구매할 때마다 크게 두 가지 선택지를 두고 고민합니다. 바로 안드로이드폰을 쓸 것인지, 아이폰을 쓸 건지 말입니다. 안드로이드 진영이 바로 연합군 전략, 아이폰이 바로 수직계열화에 성공한 케이스라 보시면 됩니다.

먼저 수직계열화란 가치사슬의 전 과정, 즉 한 제품의 생산부터 판매까지 모든 과정을 하나의 회사가 모두 다루는 것을 의미합니다. 아이폰은 소프트웨어인 운영체제 개발부터 하드웨어 생산, 심지어 앱스토어 운영까지 모두 애플이 총괄합니다. 물론 제조의 경우 하청을 주긴 하지만, 실질적으로 모든 과정을 애플이 직접 감독하고 통제합니다. 장점은 고객의 경험이 극대화될 수 있다는 겁니다. 하나의 회사가 모든 것을 설계하고 만들다 보니, 최적화될 수밖에 없습니다. 심지어 애플의 다른 제품, 서비스, 플랫폼과도 끊김 없이 연결됩니다. 이러한 부분에 빠진 고객들은 애플의 열광적인 팬이 되어버립니다. 그러나 확장성 측면에서는 다소 불리할 수밖에 없습니다. 물론 애플도 이러한 부분을 알고 서드파티라 부르는 다른 기업들에게 문을 열어 두었습니다. 하지만 애플이 전세계 스마트폰 시장을 독점할 수는 없는 일 아닙니까. 그래서 오직 아이폰만을 위해 만들어진 iOS는 오픈소스 안드로이드를 점유율 면에서는 이길 수 없었습니다.

연합군 전략은 확장성 측면에서 탁월합니다. 조사 기관이나 시점에 따라 차이는 있지만, 스마트폰 OS 점유율에서도 안드로이드는 7~80% 이상을 늘 차지하며 iOS를 압도합니다. 사실 수직계열화는 아무나 선택할 수 있는 전략은 아닙니다. 하드웨어와 소프트웨어, 모든 영역에서 역량을 가지고 있어야 하니 말입니다. 하지만 연합군 전략에서는 각자 잘하는 영역에만 집중하면 됩니다. 구글은 소프트웨어에, 삼성전자는 하드웨어에만 신경 쓰면 됩니다. 서로 상대적 우위에 있는 부분에 집중하며 협력한 결과, 안드로이드 진영은 적어도 점유율 측면에서는 아이폰 진영을 이기는 데 성공합니다. 하지만 물론 연합군 전략에도 단점은 있습니다. 우선 개별 기업 입장에서는 수익성이 떨어집니다. 애플의 영업이익률은 수년째 20%를 넘기고 있는데, 경쟁사들보다 10% 이상 높은 수치입니다. 그리고 연합군 전략에서는 고객의 경험도 최적화되기 어렵습니다. 아무리 서로 표준을 맞추고, 협력한다 하더라도 하나의 회사가 하는 만큼 유기적으로 연결될 수 없기 때문입니다. 또한 연합군 내 갈등이 생길 위험도 존재합니다. 구글이 직접 하드웨어를 만들려고 하거나, 삼성전자가 독자적인 OS를 개발하는 등의 시도는 이미 여러 번 있었습니다. 어차피 상호 간의 이익이 발생할 때만 연합군이지, 본질은 경쟁 기업이니 어쩔 수 없는 일입니다.

아마존에 도전하는 쇼피파이와 월마트 그리고 페이스북

이러한 수직계열화 기업과 연합군 간의 싸움은 북미 이커머스 시장에서도 찾아볼 수 있습니다. 수직계열화를 이룬 공룡 아마존과 이에 맞선 쇼피파이 연합군이 바로 그 주인공입니다. 아마존은 모두들 잘 아시다시피 무려 십수 년간 북미 이커머스 시장을 지배해왔습니다. 하지만 아마존은 폭군으로 통했습니다. 입점한 셀러들의 상품 노출을 무기로 최저가를 강요하고, 인기 상품은 복제하여 PB로 만들었습니다. 그래서 나이키, 이케아 등은 아마존과 결별을 택하기도 했습니다.

반면 쇼피파이는 국내에서 잘 알려지지 않은 기업입니다. 사업 모델은 국내 카페24와 비슷합니다. 쇼핑몰을 만들 수 있는 솔루션을 제공하는 기업입니다. 낮은 인지도와 달리 이 기업의 성장세는 무섭습니다. 이미 2019년 이베이를 제치고 미국 이커머스 시장 내 2위 플랫폼이 되었고, 시가총액 기준으로는 캐나다 1위 기업입니다. 전문가들로부터 아마존의 대항마로 인정받는 데다가, 2020년에는 아마존이 쇼피파이를 견제하기 위해 TF팀을 따로 꾸렸을 정도입니다.

아마존이 지금까지 시장을 지배해온 동력은 수직계열화에 있습니다. 아마존은 특히 물류 부분에서 강점을 지니고 있습니다. 단순한 오픈마켓 사업자가 아니라, 물류 대행을 붙여 차별화 경쟁력을 확보했습니다. 유료 멤버십 아마존 프라임 고객은 1억 5천만 명에 달하는데, 통합된 가치사슬을 통해 이들에게 최적의 쇼핑 경험을 제공합니다. 입점 업체들에게는 악독하다고 비판을 들어도 아마존은 이를 고객에 대한 집착이라 칭하는데, 실제로 정말 충성스러운 팬 집단을 거느리고 있습니다.

반면 쇼피파이는 구매하는 고객이 아니라, 이들에게 물건을 파는 판매자들을 고객으로 삼고 있습니다. 그래서 모든 서비스를 판매자 지향적으로 설계하였고, 아마존에게 질린 이들의 훌륭한 도피처로 작용하고 있습니다. 심지어 쇼피파이 창업자 토비아스 뤼르케는 2019년 한 팟캐스트에서 "아마존은 제국을 건설하려 하고, 쇼피파이는 이에 저항하려는 사람에게 무기고를 제공한다"고까지 말했을 정도입니다. 이처럼 정말 노골적으로 반아마존 연대를 추구하고 있습니다.

하지만 쇼피파이는 아마존과 정면대결하기에는 여러모로 한계를 가지고 있습니다. 특히 약점은 물류와 트래픽입니다. 아마존은 이미 엄청난 투자를 바탕으로 전국적인 물류망을 확보한 상황입니다. 그리고 쇼핑을 하는 경우, 아마존에서 검색을 하는 경우가 50% 이상일 정도로 확보한 트래픽도 엄청납니다. 심지어 구글조차 쇼핑 관련 검색 점유율은 20% 내외일 정도로 아마존의 입지는 확고합니다. 이러한 두 가지 강점을 바탕으로 아마존은 특유의 뚝심을 밀어붙이고 있습니다. 여러 브랜드들이 아마존을 비판하며 이탈해도 전혀 흔들리지 않고 있습니다. 쇼피파이도 이러한 본인들의 약점을 잘 알고 있습니다. 그래서 반아마존 연합군을 형성하였습니다. 가장 핵심적인 파트너는 월마트와 페이스북입니다.

판매자를 줄 레니 물류를 다오

먼저 월마트는 쇼피파이에게 부족한 물류 역량을 지원합니다. 월마트가 가진 가장 큰 무기는 전국 각지에 있는 매장 인프라입니다. 이를 활용하여 월마트는 2020년 기준으로 2,750개 매장에서 당일 배송 서비스를, 3,450개 매장에서 픽업 서비스를 제공하고 있습니다. 이를 바탕으로 월마트의 마켓 플레이스는 아마존의 그것보다는 규모가 작지만 월 방문자 수가 1억 2천만 명이 넘을 정도로 규모 면에서 만만치 않습니다. 하지만 이들에게도 고민은 있었습니다. 바로 판매자들을 확보하기 어렵다는 점이었습니다. 솔직히 판매자들 입장에선 물류와 트래픽 모두 더 나은 선택지인 아마존이 있으니, 월마트는 후순위로 밀리는 게 당연했습니다.

하지만 쇼피파이는 좋은 관계를 유지하고 있는 100만 곳 이상의 판매자들을 보유하고 있습니다. 월마트의 구미에 딱 맞는 파트너인 셈입니다. 쇼피파이 입장에서도 자체적인 물류 서비스를 준비 중에 있긴 하나, 단기간 내 이를 확충하는 건 어려우니 월마트의 매장들이 필요했습니다. 그래서 둘은 전략적 제휴 관계를 맺습니다.

SNS 트래픽을 부탁해요

이렇게 둘만의 만남만 하더라도 아마존이 긴장을 할 법한데, 쇼피

168

(출처: 추후 디자인)

파이에게 새로운 우군이 하나 더 생깁니다. 호시탐탐 커머스 진출을 모색하던 페이스북인데요, 페이스북은 페이스북 숍스를 출시하며 본격적인 커머스 진출을 꾀하고 있습니다. 광고 매출 비중이 너무 높기 때문에 새로운 성장 동력으로 커머스를 택한 겁니다.

그리고 페이스북 숍스를 확산시키기 위해 전 세계 곳곳에서 파트너를 모집 중인데, 북미 시장에서는 쇼피파이와 협력하기로 결정하였습니다. 쇼피파이의 솔루션과 페이스북 숍스와 연동을 한 것인데 쇼피파이에게 부족했던 트래픽 확보 채널을 얻었다는 점에서 정말 중요한 제휴라 볼 수 있습니다.

그리고 쇼피파이의 동맹군 욕심은 여기서 그치지 않습니다. 페이스북, 인스타그램 말고도 틱톡, 유튜브 등과도 제휴 관계를 맺으면 끊임없이 뻗어나가고 있습니다. 확장성이라는 강점을 정말 효과적으로 활용하고 있는 셈입니다.

이렇게 아마존은 이커머스 1위 기업으로 올라선 이래, 어쩌면 가장 강력한 도전에 직면하게 되었습니다. 철옹성과 같던 아마존의 아성을 공략하기 위해 연합군 파티가 레이드에 성공할 수 있을까요?

약자들이 항상 손을 잡는 건 아니다

북미 시장의 경쟁구도처럼 우리는 보통 연합군을 상상하면 거대한 적을 물리치기 위해 모인 모습을 떠올리곤 합니다. 하지만 비즈니스 세계에서는 항상 약자들이 강자들을 물리치기 위해 연합을 형성하진 않습니다. 오히려 1등이 자신의 자리를 지키기 위해 우군을 모으는 경우도 매우 흔합니다.

중국 시장은 대표적으로 1위 기업이 2위 기업의 추격을 뿌리치기 위해 연합을 형성한 사례입니다. 알리바바와 징둥의 대결은 그래서 더 재미있는 시사점을 많이 주는데, 국내 시장의 현재 경쟁구도와도 비슷한 점이 많습니다.

알리바바는 아마존과 함께 전 세계 이커머스를 상징하는 플랫폼 중 하나입니다. 아마존이 풀필먼트 기반의 플랫폼이라면 알리바바는 철저히 오픈마켓을 표방합니다. 그래서 직접적으로 물류를 운영하진 않습니다. 국내의 이베이 코리아나 네이버와 비슷하다고 보시면 됩니다.

반면에 알리바바에 도전장을 내민 징둥은 물류를 최대의 차별화 무기로 삼았습니다. 거래액 규모에서는 2위지만, 물류 역량만큼은 알리바바를 앞서간다고 평가받고 있고요. 이를 바탕으로 알리바바를 맹추격하고 있습니다. 8,000여 개가 넘는 물류 거점을 확보하고 있고, 자동화 배송 로봇 기술도 세계 최고 수준입니다. 또한 스마트 물류망 구축을 위한 미래 투자도 아끼고 있지 않습니다. 무인택배함, 로봇 배송, 드론 배송 등을 앞세워 장기적으로 알리바바를 능가하는 이커머스 플랫폼이 되겠다는 게 징둥의 원대한 목표입니다.

알리바바의 비밀병기 차이냐오

이와 같은 징둥의 거센 도전에 알리바바가 내놓은 해답이 바로 차이냐오입니다. 차이냐오는 알리바바의 물류 자회사인데, 직접 택배를 하지는 않습니다. 다만 국내외 물류창고와 택배업체들을 한데 모아 연결한 일종의 물류 데이터 플랫폼입니다. 각기 다른 회사들을 연합군 내로 끌어들여 연결하여 통합 서비스를 제공하고, 동시에 쌓인 물류 데이터를 통해 지속적으로 서비스의 질을 올리는 알리바바의 전략은 놀랍게도 들어맞았습니다.

이렇게 경험을 쌓아가자 알리바바는 물류 연합군 내 결속력을 강화시키기 위한 다음 작업에 들어갑니다. 방법은 지분 투자였습니다. 이와 같은 방식을 활용하여 알리바바는 무려 중국 택배 시장에서 1위부터 6위 업체까지, 1위를 제외한 5개 업체를 우군으로 만들었습니다. 심지어 중국 내 물류, 택배 업무의 70%가 차이냐오를 통해 이루어진다는 통계가 나올 정도입니다. 어느새 알리바바는 연합을 통해 아마존 이상의 물류 제국을 만든 셈입니다.

네이버 난리 났네, 난리 났어

2020년 기준 국내 이커머스 플랫폼 중 거래액 1위는 네이버입니다. 네이버의 연간 거래액은 무려 28조 원으로, 전체 온라인 쇼핑 시장의 17.4%를 점유하고 있다고 합니다. 2위 쿠팡의 점유율이 13% 수준이니 격차도 꽤 큰 편입니다.

하지만 이 중 스마트스토어를 통한 거래액 17조 원이고 나머지 10조 원은 네이버 쇼핑의 거래액이라 순수한 네이버의 거래액으로 보기 어렵고, 쿠팡이 가진 물류 차별화가 워낙 강력하다 보니 네이버가 앞으로도 계속 1위 자리를 유지할지는 모를 일입니다.

그래서일까요? 2020년 4분기부터 네이버는 말 그대로 '열일'하고 있습니다. 정말 광폭 행보를 보이고 있는 수준입니다. CJ, 빅히트, 신세계-이마트까지 전략적 제휴를 맺는 동맹군을 늘려가며 쿠팡과의 격차를 유지, 아니 더 벌릴 준비를 하고 있습니다.

이커머스 관점에서 가장 중요한 파트너는 역시 CJ와 신세계-이마트입니다. 우선 CJ는 국내 1위 택배사 CJ대한통운을 거느리고 있

신세계-네이버 시너지 창출 구조

(출처: 인베스트조선)

습니다. 따라서 물류 부문에서 네이버가 필요로 하는 부분을 채워 줄 것을 기대하고 있습니다. 더욱이 네이버는 이외에도 풀필먼트 업체 두손컴퍼니, 이륜배송 업체 메쉬코리아, 동대문 기반 물류 역량을 가진 브랜디 등에도 적극적으로 투자하며 동맹군으로 끌어들였습니다. 마치 알리바바의 차이냐오를 보는 듯한데요, 이와 같은 물류 동맹이 로켓배송을 능가할 수 있을지 지켜보는 재미가 있을듯합니다.

또한 신세계-이마트는 네이버가 놓치고 있던 중요한 카테고리, 신선식품과 명품을 채워줄 파트너입니다. 식료품 카테고리는 향후 이커머스 전쟁에서 가장 중요한 격전지가 될 전망입니다. 여기서 둘의 시너지가 발휘된다면 가장 먼저 시장을 재패할지도 모릅니다. 또한 신세계 백화점이 가진 명품 상품은 네이버의 또 다른 무기로 활용하여 쿠팡이 미처 장악하지 못한 시장을 선점할 계획으로 보입니다.

쿠팡은 혼자서도 잘해요

그렇다면 쿠팡은 네이버의 이러한 파상 공세에 어떤 대책을 가지고 있을까요? 놀랍게도 쿠팡은 모든 가치사슬을 내재화하며, 수직계열화를 완성하여 쿠팡 생태계를 만들려는 것으로 보입니다. 이를 상징하는 서비스가 바로 쿠팡이츠와 쿠팡플레이입니다. 먼저 쿠팡이츠는 쿠팡이 만든 배달 플랫폼입니다. 처음 쿠팡이 쿠팡이츠를 만든다고 했을 때, 많은 사람들이 의문을 표시했습니다. 이미 배달 시장은 배달의민족과 요기요-배달통 진영이 양분한 지 오래였고, 쿠팡의 전문 분야도 아니었기 때문입니다.

하지만 쿠팡은 다 계획을 가지고 있었습니다. 빠른 배송을 무기로 이커머스 시장을 장악했듯이 단건 배달을 무기로 급격히 침투해 갔습니다. 단건 배달은 한 번에 하나의 배달만 수행하는 방식을 의미하는데요, 배달 대행업체의 경우 시간당 효율을 끌어올리기 위해 한 번에 여러 집을 동시에 도는 것이 다반사였습니다. 그러다 보니 배달 시간도 오래 걸리고, 음식도 식을 때가 많았습니다.

하지만 쿠팡은 이를 막대한 자본력을 무기로 배달 수수료를 억지로 올리면서까지 단건 배달을 밀어 붙였습니다. 이러한 전략은 이미 미국에서 도어대시가 성공시킨 방식으로, 쿠팡이 이를 우직하게 밀어 붙이자 견고했던 배달의민족도 흔들리기 시작했습니다. 강남 등 일부 지역에서는 쿠팡이츠가 배달의민족 점유율을 따라잡은 겁니다.

쿠팡은 이처럼 쿠팡이츠를 성공적으로 안착시키며, 쿠팡 생태계 안으로 배달 시장을 편입시키는 데 성공합니다. 쿠팡은 배달 시장을 원했지만, 타 업체들처럼 제휴를 맺지 않고 직접 하는 방식을 택합니다. 그리고 확실한 전략을 기반으로 접근하여 성공을 거둡니다.

쿠팡플레이도 비슷한 사례입니다. 쿠팡은 아마존이 프라임 비디오를 통해 유료 멤버십을 강화시킨 사례를 적용하려고 오랜 기간 고심해왔는데요, 왓챠 등 기존 OTT 서비스 인수에 실패하자 과감하게 쿠팡플레이라는 자체 OTT 서비스를 론칭합니다. 그동안 쿠팡이 콘텐츠 사업을 전혀 해본 적이 없던 터라 어쩌면 쿠팡이츠보다 더욱 충격적인 일이었습니다. 반면에 네이버는 CJ와의 전략적 제휴를 통해 티빙을 네이버 플러스 혜택으로 편입시키는 방법을 택했습니다.

쿠팡은 직접 했기에 어설펐던 면도 많았습니다. 쿠팡이츠는 초기 라이더 확보를 위해 엄청난 프로모션 비용을 감당해아 했습니다. 쿠팡플레이도 확보한 콘텐츠가 너무 빈약해서 조롱받기도 했습니다. 하지만 내재화시킨 덕택에 로그인도 결제도 모두 쿠팡의 것을 연결시켜 정말 끊기지 않는 고객 경험을 줄 수 있었습니다. 다소 어설프고 돌아서 가더라도 직접 하는 쿠팡과, 느슨하게 연결되더라도 빠르게 할 수 있는 제휴를 택한 네이버. 둘의 선택 중 과연 어느 것이 옳을까요?

네이버, 쿠팡 말고 우리도 있습니다!

네이버와 쿠팡에 가려져 있지만 사실 이러한 수직 계열화나 연합전선 형성은 이커머스 시장 전체로 퍼져나가고 있습니다. 특히 어쩌면 연합전선 구축의 원조는 11번가일지도 모릅니다. 네이버가 워낙 광폭 행보를 보이면서 화제성이 떨어지긴 했지만, 11번가가 지난 2020년 11월 아마존과의 전략적 제휴를 전격 발표했을 때도 정말 센세이션했습니다. 세계 1위 이커머스 기업인 아마존이 협력의 대상이니 당연히 화제가 될 수밖에 없었습니다. 더욱이 그동안 아마존은 한국 이커머스 시장에 직접 진출하지 않는 방침을 고수해왔기에 놀라운 일이었습니다. 아마존이 보기에 한국 온라인 시장은 크기는 충분히 크지만, 이미 강력한 업체들이 다수 자리 잡고 있어 진출할 만큼의 가치가 없다고 판단했다고 알려졌던 터라 아무도 예상을 하지 못했었거든요.

하지만 이번에 바로 그 아마존이 직접 진출은 아니지만, 11번가를 통한 우회 진출을 선언한 겁니다. 방식은 아마존이 11번가에 지분 투자를 하는 형태이고, 최대 1조 원까지 전망될 정도로 규모도 작지 않습니다. 그리고 제휴의 결과물로 2021년 8월에 구독 서비스 T우주가 등장했습니다. T우주에 가입한 고객들은 아마존 상품을 무료배송으로 구매할 수 있고, 여기에 부가적인 선택상품 혜택까지 주는 형태인데요. 11번가 자체도 여전히 국내 시장에서 영향력이 상당했기 때문에, 출시 일주일 만에 가입자가 15만 명을 돌파했다고 합니다.

오프라인 유통업체들의 전략도 엇갈리고 있습니다. 신세계-이마트는 이미 네이버 연합군에 올라탄 상황입니다. 과거만 해도 보다 독자적인 시장 장악을 노렸지만, 현실적으로 어려운 것을 자각하고 방향을 선회한 셈입니다. 현대 백화점도 비슷합니다. 자체 플랫폼을 크게 키우기 보다는 숨 고르기를 하고 있는 상황입니다. 쿠팡에 일부 브랜드가 입점할 정도로 무리한 경쟁보다는 기존 플랫폼들을 적극 활용할 것으로 보입니다. 홈플러스도 네이버 장보기에 입점할 정도로, 네이버와의 협력을 강화하고 있고요.

반면에 롯데나 GS는 자체 플랫폼 구축과 독자 생존에 조금 더 방점을 찍고 있습니다. 야심차게 출범시킨 롯데온이 부진한 성과를 거두긴 했지만 롯데는 여전히 중고나라를 인수하는 등 어떻게든 이를 살려보려 노력 중입니다. 편의점과 슈퍼마켓, 홈쇼핑 등을 거느린 GS도 통합 플랫폼을 만들어 이커머스 시장에 도전힐 계획입니다. 그리고 신세계-이마트의 SSG도 오픈마켓으로 전환하며 완전히 경쟁을 포기한 것은 아닙니다. 특히 이번에 이베이를 인수하면서 덩치를 키운터라, 독자 생존의 길을 걸으며, 네이버 연합과 쿠팡에 이은 제3세력으로 부상할 수도 있습니다.

바보야, 문제는 신선식품이야!

이러한 경쟁을 하는 중요한 이유는 신선식품입니다. 치열한 합종연횡의 중심에도 식료품 카테고리가 위치해 있기 때문입니다. 독자 생존을 택한 이들의 공통점은 대형마트, 슈퍼마켓 등을 가지고 있거나 온라인 마트 서비스를 이미 활성화시켰다는 겁니다. 종합몰을 표방하는 플랫폼으로 살아남으려면 결국 마트를 가져야 합니다. 마트야 말로 고객의 재방문과 재구매를 좌우하기 때문입니다. 또한 거래액 기준 점유율을 높이기 위해서도 식료품 카테고리는 반드시 떠안고 가야할 것이기도 합니다.

　따라서 현재 시장에서 가장 앞서가고 있는 쿠팡의 로켓프레시를 과연 네이버와 이마트가 따라잡을 수 있을지가 가장 관건입니다. 그리고 여기서의 승자가 결국 한국 이커머스 시장 1위로 올라설 가능성이 큽니다. 변수는 크게 두 가지가 있습니다. 첫 번째는 과연 얼마나 네이버와 이마트가 유기적으로 움직일 수 있을까입니다. 특히 신세계-이마트 그룹 입장에서는 여전히 '플랫폼' SSG를 포기하지 못하고 있습니다. 이번 이베이 인수전에서 네이버가 최종적으로 불참하면서 둘의 연합은 시작 전부터 삐걱거리고 있기도 하고요. 그렇기에 결국 언젠가는 둘의 이해관계가 엇갈릴 시점이 찾아올 터인데, 이때를 어떻게 슬기롭게 넘길 수 있을까가 중요한 분기점이 될 전망입니다. 다만 네이버가 장보기 서비스 출시 당시 홈플러스나 GS리테일과도 협력을 하는 등 여러 선택지를 가진 만큼 아직까진 네이버의 의중대로 흘러갈 가능성이 높긴 합니다.

두 번째는 마켓컬리의 존재입니다. 마켓컬리는 현재 로켓프레시에 이은 인지도 기준 2위의 온라인 마트입니다. 새벽 배송과 차별화된 상품으로 시장에서 탄탄한 입지를 가지고 있지만 여전히 적자 기업이라는 점에서 약점을 가지고 있습니다. 물론 2021년 연내 상장을 꾀하고 있지만, 과연 지속적으로 독자 생존을 할 수 있을지 미지수입니다. 따라서 마켓컬리와 제휴를 맺거나 혹은 이를 품는 곳이 나온다면 시장은 한 번 더 급변할 것입니다. 특히 네이버나 쿠팡 말고 제3의 세력을 형성하고자 하는 플랫폼이라면 마켓컬리를 포기하기가 쉽지 않을 것으로 보입니다.

그런데 이커머스 1위 차지하면 뭐가 좋나요?

지금까지 이커머스 1위 자리를 둔 치열한 경쟁의 장에 대해 이야기 나눠보았습니다. 전세계 곳곳에서 온라인 쇼핑 시상의 패권을 두고 때론 동맹을 맺기도 하며 모두가 치열한 경쟁을 하고 있습니다.

심지어 국내 이커머스 기업들의 대다수는 적자 상황입니다. 하지만 모두 시장 1위를 하면 흑자 전환은 물론 지속적인 수익 확보가 가능하다며 오로지 정상만을 바라보며 달려가고 있습니다. 그러면 대체 1등이 되면 무엇이 달라질까요? 왜 모두들 그렇게 1등에 집착하는 걸까요?

우리는 슈퍼앱의 개념에 대해서 앞서서 얘기 나눈 바 있습니다. 슈퍼앱이 되면 타 영역으로 확장이 가능하고, 그렇게 되었을 때 더 큰 수익을 만들어낼 수 있습니다. 커머스도 마찬가지입니다. 시장 1등 수준으로 덩치를 키우면 돈을 벌 기회를 더 많이 만들어낼 수 있습니다. 이커머스 슈퍼앱들이 노리는 시장은 바로 금융 시장입니다. 다음 챕터에서는 이커머스 기업들이 노리는 엘도라도, 금융 시장에 대해 이야기 들려드리도록 하겠습니다.

커머스와 금융이 만나면
무슨 일이 벌어질까?

왜 커머스는 금융으로 진출하려 하는 걸까요? 커머스의 본질은 물건을 사고파는 겁니다. 당연히 그 과정에서 돈이 오고 갑니다. 우리가 쇼핑할 때를 상상해보세요. 간편결제를 통해 결제하기도 하고 비싼 물건은 할부로 구매하기도 합니다. 판매자들도 마찬가지입니다. 물건을 판매하면 결제 수수료를 떼이고, 정산을 받고 대금 지급을 하고 계속 돈이 움직입니다. 당연히 금융과 커머스는 잘 어울릴 수밖에 없습니다.

따라서 수년 전부터 커머스 안으로 금융이 들어오는 일이 많아지기 시작했습니다. 금융상품들이 온라인 몰에서 판매되기 시작한 것이 대표적입니다. 2017년 티몬은 티몬금융몰이라는 서비스를 론칭하여 금융상품 비교 판매를 시작했습니다. 거래 품목을 금융상품까지 확대한 것인데, 과거와 달리 금융상품이 다이렉트로 판매되는 비중이 점차 늘어나고 있습니다.

특히 결제 서비스 측면에선 이커머스 플랫폼들이 시장을 이끌고 있습니다. 웬만한 플랫폼들은 모두 자체 페이 서비스를 운영 중이고, 이들 쇼핑몰들을 얼마나 거래처로 확보하느냐에 따라 페이 서비스들의 성패가 갈리고 있습니다. 이러한 결제 서비스들은 금융 서비스가 커버하지 못하는 부분을 공략하기도 하는데요, 일본의 조조타운이 선보인 외상결제 서비스가 대표적입니다. 2016년 11월 조조타운은 최대 5만 4천 엔까지 2개월 후로 지급을 미룰 수 있는 외상결제 서비스를 도입했습니다. 이러한 서비스는 신용카드 발급이 어려운 미성년자들을 적극적으로 공략한 것으로, 금융 서비스를 여러 이유로 이용하지 못하는 이들에게 새로운 대안을 제시한 셈입니다.

이와 같이 이커머스 플랫폼들은 새로운 금융업 플레이어로 주목받고 있습니다. 특히 이들이 무서운 점은 이미 치열한 내부 경쟁으로 혁신에 능하다는 점입니다. 금융산업은 대표적인 전통산업으로 건실한 구조를 가진 대신 변화 적응에 느리다는 단점을 가지고 있습니다. 더욱이 대면 채널에서 모바일 중심의 비대면 채널로 고객과의 접점이 변해가는 상황에서, 마치 오프라인 유통업체들이 그랬듯이 위기감을 느끼는 곳들이 대다수입니다. 과연 앞으로 커머스 기업들이 카카오뱅크나 토스가 그랬듯이 금융업 내의 게임 체인저로 자리 잡을 수 있을까요?

카드회사 부회장님이 편지를 보낸 이유

지난 2020년 7월, 현대카드 정태영 부회장이 이베이코리아에 감사 편지를 보내서 화제가 된 적이 있었습니다. 도대체 왜 카드사 최고 경영자가 오픈마켓 회사에 감사 편지를 보냈을까요? 여기에는 둘이 함께 협력하여 만든 PLCC 카드, 스마일카드의 성공이 있었습니다. PLCC란 Private Label Credit Card의 약자로 우리말로 상업자 표시 전용카드라고 하는데, 주로 유통업체가 카드사와 협력 발급하여 전용 혜택을 주는 특징을 가지고 있습니다.

이러한 PLCC 카드는 PB상품과 거의 유사한 역할을 합니다. 해당 유통사에서만 혜택을 받을 수 있기 때문에 강력한 고객 락인 요소로 활용되기 때문입니다. 따라서 카드사 입장에서도 나쁠 것이 없습니다. 유통사의 지원을 받아 더 큰 혜택을 줄 수 있고, 그만큼 카드 사용을 극대화시킬 수 있기 때문입니다. 그래서 현대카드는 이후로도 배달의민족, 무신사 등과 지속적으로 PLCC 카드를 론칭하고 있습니다.

코로나 이전만 해도 카드사의 최애 파트너는 항공사와 여행사였습니다. 우리는 여행을 가기 위해 할인이 되는 카드를 발급 받는 경우가 정말 많았습니다. 하지만 코로나19 이후 여행업계가 침체를 겪는 지금, 더욱더 이커머스 업체들과의 협력이 중요시되고 있습니다. 그래서 현대카드로서도 이베이코리아를 특별 관리할 필요가 있었고, 감사 편지까지 보내게 된 겁니다.

물론 이베이코리아 입장에서 현대카드가 고마웠던 것도 사실입니다. 쿠팡의 로켓와우 이후 우후죽순처럼 생겨난 유료 멤버십 서비스 중 유의미한 성과를 보이고 살아남은 건 고작 세 개입니다. 로켓와우와 네이버 플러스, 그리고 스마일 클럽입니다. 이들이 시장 1, 2, 3위 플랫폼이라는 점도 재미있지만 셋 모두 결제 혜택이나 편의성을 더했다는 것이 가장 중요한 포인트입니다. 로켓와우는 쿠페이라는 원클릭 결제의 편의성과 여러 적립 혜택을 더했고, 네이버 플러스도 네이버 페이 사용 시 추가 적립이라는 혜택을 줍니다. 여기서 스마일 클럽은 스마일 카드가 든든히 뒷받침해 주었기 때문에 가입자들을 지킬 수 있었습니다.

커머스가 금융을 꿈꾸는 이유

이렇듯 금융 서비스와 커머스 간의 컬래버 혹은 커머스에 금융 요소를 가미하는 사례들이 최근 들어 점점 더 많아지고 있습니다. PLCC 카드처럼 일대일로 제휴하여 협력하는 경우도 있고, 앞서 소개한 티몬처럼 보험 상품들을 쇼핑몰에서 판매하며 판매 채널로 활용하는 경우도 있습니다. 그리고 이를 넘어서서 아예 커머스 업체가 금융으로 진출하려는 움직임까지 감지되고 있습니다.

커머스가 금융을 꿈꾸게 된 것은 페이 서비스가 인기를 끌면서부터였습니다. 간편결제가 주요한 경쟁 요소 중 하나로 대두되면서,

많은 플랫폼들이 자체 페이 서비스를 구축하기 시작하였습니다. 쿠팡의 쿠페이, SSG의 쓱페이, 롯데의 L페이 등이 대표적입니다. 이러한 페이 서비스는 결제 수수료를 절감하여 비용 구조를 좋게 만드는 동시에, 포인트 등으로 충성고객을 만들기에도 유리했습니다.

이렇게 페이 서비스를 자체적으로 운영하면서 커머스 업체들은 새로운 확장을 꿈꾸게 됩니다. 아예 금융 서비스를 여기에 덧붙이면 어떨까 하고 말입니다. 최근 슈퍼앱 트렌드는 이러한 이들의 욕망에 불을 붙이고 있습니다. 은행 등 기존 금융사들의 앱들은 소비자들에게 외면받고 있지만 쇼핑 앱들은 대부분 엄청난 트래픽, 특히 주기적으로 방문하는 충성고객들을 다수 확보하고 있기 때문입니다. 그래서 오히려 금융사들은 쇼핑몰에 입점하여 그들의 상품을 판매하길 바라는 상황이 찾아왔습니다. 이 정도면 직접 금융업 진출, 고민할 만하지 않습니까?

태초에는 알리바바가 있었다

더욱이 이러한 커머스의 금융업 진출은 훌륭한 롤모델을 가지고 있는데 바로 알리바바입니다. 알리바바는 이미 수년 전부터 적극적으로 금융업에 진출하여 엄청난 성과를 올리고 있습니다. 이미 2017년 전 세계 결제 규모 1위를 차지한 것이 알리바바의 자회사 앤트 파이낸셜일 정도입니다.

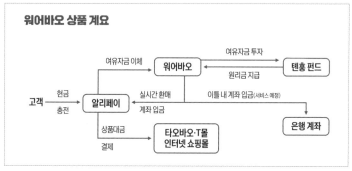

알리바바도 처음에는 자체 페이 서비스인 알리페이를 론칭하면서 금융업 진출을 시작하였습니다. 2004년 알리페이를 시작으로, 2008년에는 소규모 자영업자들에게 대출 서비스를 제공하면서 본격적으로 금융업에 발을 디뎠습니다. 이어 펀드 사업이나 인터넷은행 등까지 확장하면서 이제는 금융기업이라고 해도 어색하지 않을 포트폴리오를 완성한 상태입니다. 현재 전 세계에서 가장 가치가 높은 핀테크 기업으로 불리고 있습니다. 아니 전 세계 모든 유니콘 중 기업가치로 첫 손에 뽑힐 정도입니다. 최근 중국 정부의 규제로 주춤하고 있는 것도 사실이지만, 커머스가 마음먹고 금융업에 진출하면 어떻게 되는지 잘 보여주는 사례라 할 수 있습니다.

특히 앤트파이낸셜의 성공은 커머스와 밀접한 연관성을 보입니다. 그중 대표적인 것이 위어바오 상품입니다. 위어바오는 알리페이가 2013년 6월에 출시한 머니마켓펀드 상품입니다. 머니마켓펀드는 저수익, 저위험성에 투자하는 상품으로 보통 부자들의 전유물로 여겨지던 금융상품입니다. 하지만 알리바바는 이러한 머니마켓 펀드 상품을 적은 돈도 투자해서 돈을 버는 상품으로 전환시켰습니다. 보통 소비자가 물건을 구매한다고 그 돈이 바로 판매자에게 가지는 않습니다. 여러 이유로 결제 대금은 2~3일간은 묶여 있는 경우가 많습니다. 구매자도 마찬가지입니다. 알리페이에 선입금해 놓은 돈을 묵혀두거나, 혹은 결제 후에 잔돈이 남아 있는 경우가 허다합니다.

알리바바는 이러한 돈에 주목했습니다. 단돈 1위안도 투자 가능한 위어바오 상품을 만들고 이러한 묶인 돈들을 투자하여 이자를 받을 기회를 제공했습니다. 이렇게 작은 돈이 모여 위어바오가 운용하는 자금은 무려 300조 원에 달하고, 평균 수익률도 3~4%에 달해 1% 대인 예금금리보다 더 큽니다. 위어바오라는 이름의 뜻처럼 '푼돈의 보물'로 만든 셈입니다.

보통 이러한 묶인 돈들은 이커머스 플랫폼들이 스스로 운용하며 부가 수익을 얻는 경우가 대부분입니다. 영업 적자인 상황에서도 영업을 이어나가고, 오히려 영업현금흐름은 흑자로 가져가는 비결도 이러한 대금의 흐름에서 취하는 이득에 있었습니다. 하지만 알리바바는 과감히 이를 고객들에게 제공하는 상품으로 만들었고, 금융기업으로 성공할 수 있었습니다. 그리고 이러한 알리바비의 싱공은 전 세계 모든 이커머스 기업에게 자극을 주었던 것 같습니다.

아마존의 다음 무대도 금융이다!

왜냐하면 이커머스계의 끝판왕 아마존도 조금씩 금융 분야로 영토를 확장하고 있기 때문입니다. 아마존 페이나 아마존 캐시 같은 서비스를 통해 지급, 선불, 충전뿐 아니라 대출, 카드 서비스까지 제공 중인 상황입니다. 더욱이 유료 멤버십인 아마존 프라임 고객들을 가지고 있기 때문에 금융회사로 변모한다면 그 파괴력은 상당할 것으로 보입니다. 실제로 디지털 지갑을 포함한 미래 금융서비스를 제공할 새로운 자회사 노비 파이낸셜까지 설립하며 금융업 진출을 본격화하고 있습니다. 특히 아마존은 직접 진출보다는 기존 금융회사들과 파트너십을 형성하여 영역을 넓혀가는 방법을 차용 중입니다. 오히려 적지 않은 규제 때문에 은행 인가는 끝까지 받지 않을 것이란 예측도 많습니다. 그럼에도 불구하고 아마존 뱅크는 실존합니다. 단지 예금만 받지 않을 뿐, 대부분의 금융 서비스들을 제공하고 있기도 하고요. 오히려 금융 기업들이 아니기 때문에, 금융사들을 플랫폼으로 입점시켜 비교 노출하면서 이들을 통제하고 있습니다.

알리바바와 아마존의 사례에서 우리는 공통점을 발견할 수 있습니다. 처음에는 자체 페이에서 시작하고, 입점한 셀러들에게 금융 상품을 만들어 제공하고, 이를 점차 일반 구매 고객들에게까지 확장해 간다는 겁니다. 또한 이 과정에서 기존 금융사들을 적극 활용하고 있습니다. 그리고 이러한 방법론을 국내 기업들도 충실히 따라가고 있습니다.

쿠페이를 앞세운 쿠팡의 도전

아마존바라기 쿠팡이 여기서 빠질 리 없겠죠. 쿠팡은 충실히 아마존과 알리바바가 걸어간 길을 학습하여 따라가려 노력하고 있습니다. 쿠팡은 일반 고객들에게는 친절하고, 반대로 판매업체에게는 불친절한 걸로 유명합니다. 그중 대표적인 것이 유독 오래 걸리는 쿠팡의 정산 프로세스입니다. 쿠팡의 정산은 평균적으로 9~10일 정도 걸리는 타 업체와 달리, 최대 2개월까지 걸립니다. 이에 대한 대안으로 쿠팡이 업체들에게 제공하는 서비스가 선정산 대출 상품입니다. 본인들이 늦게 정산해주면서 대출상품까지 끼워 파냐고 욕을 먹기도 했지만, 이미 쿠팡이 대출상품을 만들어 팔기 시작했다는 포인트가 중요합니다. 알리바바가 했던 행동이니 말입니다.

이뿐이 아닙니다. 쿠팡은 일반 고객 대상으로도 보험상품을 만들어 팔고 있습니다. 쿠팡이 롯데손해보험과 협업하여 만든 쿠팡 안심케어 보험과 제품케어 보험이 바로 그것입니다. 스마트폰은 물론 각종 가전제품, 전자기기까지 쿠팡에서 구매할 때 가입하면 손상에 대한 보상을 보장합니다. 쿠팡에서 상품을 구매하는 고객에게 보험상품을 팔아 추가적인 이익을 얻으면서, 오히려 고객들의 구매는 더욱 늘릴 수 있는 묘수라 볼 수 있습니다.

그리고 쿠팡은 앞으로 이러한 보험상품을 직접 만들고 운영할지도 모릅니다. 이미 2020년 3월 쿠팡은 자체 페이인 로켓페이의 이름을 쿠페이로 변경하고 자회사로 독립시킨 바 있습니다. 이때 쿠페이 상표를 상품 분류 36류, 09류, 38류에 등록한 것이 알려져 더욱 화제가 되었습니다. 이 상표권은 신용카드 발급, 금융 및 대부업, 금융투자업, 온라인뱅킹업, 은행 및 보험업, 증권 및 채권 거래업, 신탁업 등에 모두 적용됩니다. 즉 앞으로 금융업에 직접 진출하겠다는 의지를 표명한 것과 다를 바 없습니다.

규제의 늪에서 탈출하는 네이버

그러면 쿠팡의 라이벌 네이버의 현 상황은 어떨까요? 네이버는 1위답게 쿠팡보다 발 빠르게 움직이고 있습니다. 먼저 네이버는 보험판매업 진출을 꾀하고 있습니다. 1차 시도인 자동차보험 비교 사업진출은 좌절되었지만, 소상공인 보험사업으로 눈을 돌린 겁니다. 그 형태는 네이버 스마트스토어에 입점한 가맹점에게 필요한 보험을 네이버가 소개하고 가입하고자 하는 보험상품을 안내해주겠다는 것으로 예상되는데, 커머스와 연계한 버전으로 사업화를 준비 중인 셈입니다.

그리고 금융 당국은 네이버, 카카오 등의 플랫폼의 보험대리점 진입을 허용하는 것으로 결론을 내렸습니다. 단순화된 소액 보험상품에 대한 판매채널을 확장한다는 개념으로 혀용을 한 것으로 알려졌는데요, 특히 온라인 대리점의 경우 임직원의 10%를 보험 설계사로 채우는 이른바 '10%룰'을 적용하지 않는 방안이 유력하게 검토되고 있다고 합니다.

사실 2020년에 네이버가 자동차보험 시장 진출이 좌절된 것은 규제 부재로 인한 것이 컸습니다. 물론 네이버가 자동차보험 견적을 비교해서 보여주고 계약이 체결될 경우 보험료의 11%를 광고비 형식으로 받는 방안을 추진하는 것으로 알려지면서 과도한 수수료를 부과한다는 논란도 한몫하긴 했지만요. 보험대리점이 아닌 네이버가 사실상 모집 시장에 진출하고도 관련 규제를 피하는 규제 차익을 얻게 될 것이라는 지적이 잇따른 것이 치명적이었기 때문입니다. 따라서 규제가 정리되는 대로 네이버의 보험 판매가 날개를 달 것으로 예상되고 있습니다.

금융도 커머스도 무서운 신인, 카카오

하지만 금융과 커머스 양쪽을 결합한 비즈니스로 가장 주목받는 기업은 역시 카카오입니다. 커머스 역량을 바탕으로 금융업으로 영역을 확장하는 타 회사와 달리 카카오는 이미 카카오뱅크나 카카오페이로 금융 쪽은 성공적으로 자리 잡았기 때문에 이러한 금융 역량을 바탕으로 커머스 시장에서의 확장을 꾀할 것으로 보입니다.

특히 카카오는 보험 판매가 아니라, 디지털 손해 보험사 출범을 눈앞에 두고 있어 더욱 관심을 모으고 있습니다. 이미 카카오는 보험상품을 추천하는 건 물론이고, 카카오페이 간편 보험 서비스를 통해 일부 보험상품을 비대면 가입할 수 있도록 만든 바 있습니다. 여기에 이제 직접 만든 보험상품이 추천되고 판매되면 새로운 게임 체인저로 부상할 예정입니다.

또한 카카오가 여성 패션 1위 버티컬 플랫폼인 지그재그를 자회 사로 품으면서 커머스와의 연계 가능성도 더 높아지고 있습니다. 기존에 카카오는 오픈마켓 시장에서 차지하는 비중이 워낙 적어서 판매자 대상 금융상품 부문에서는 별다른 기대를 받지 못하고 있었 습니다. 하지만 4천여 곳에 달하는 소호몰 판매자들을 보유한 지그 재그가 카카오 진영에 합류하면서 새로운 시장 기회가 열린 셈입니 다. 더욱이 이러한 금융상품들로 지그재그도 판매자들에게 더 큰 혜 택을 주면서 붙잡을 수 있으니 앞으로의 행보가 더욱 기대됩니다.

작은 플랫폼들도 금융을 할 수 있다

그러면 금융 진출은 시장 선도 업체들만 할 수 있는 걸까요? 물론 어 느 정도 수준의 규모는 있어야 금융 진출이 가능하겠지만 특정 영 역에서의 진출은 꼭 시장 1위 플랫폼이 아니더라도 가능합니다. 특 히 버티컬 커머스들은 플랫폼의 특수성을 활용하여 더 유리한 측면 이 존재합니다.

중고 거래 플랫폼 중 하나인 번개장터의 번개페이는 대표적인 사 례 중 하나입니다. 번개장터는 중고 거래의 특성상 많이 발생했던

〈그림3-6〉 현대카드가 무신사와 함께 출시한 PLCC카드는 모든 결제금액의 1%를
무신사의 적립금으로 제공하는 것이 특징입니다

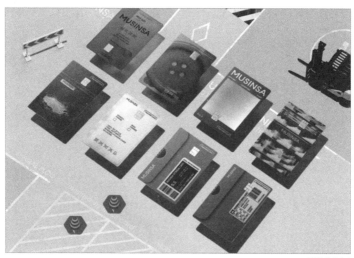

(출처: 현대카드)

사기 거래를 예방하기 위해 번개페이 서비스를 출시한 바 있습니다. 번개페이는 구매자가 결제한 금액을 보관했다가, 판매자가 보낸 상품이 정상임이 확인되면 판매자에게 지급하는 방식으로 작동합니다.

이러한 번개페이는 현재 이용자들의 편의성을 증대해주는 목적으로만 사용되지만 충분히 금융상품으로 활용될 수 있는 여지가 있습니다. 개인의 신용도를 평가하는 수단으로 활용도 가능할 테고, 위어바오 같은 형태의 금융상품과 결합도 가능하기 때문입니다.

현대카드와 무신사와의 협업으로 출시된 PLCC 카드도 추가적인 사업 기회를 가지고 있습니다. 이 카드의 가장 큰 특징은 모든 가

맹점에서 결제한 금액의 1%를 무신사의 적립금으로 무제한 제공한다는 점입니다. 즉 무신사 적립금은 카드 발급과 사용이 늘수록 엄청나게 커지게 됩니다. 이렇게 쌓인 적립금을 금융기업들에서 당연히 탐내지 않겠습니까? 적립금으로 투자도 하고 보험도 가입할 수 있으니 말입니다.

이제 오히려 금융사들이 긴장해야 할 때입니다

3장 처음에서 슈퍼앱 트렌드를 다루면서, 이러한 흐름이 커머스 기업들에게는 위기인 동시에 기회라고 언급한 적이 있습니다. 왜냐하면 커머스 기업들의 경쟁자도 늘어나지만, 동시에 커머스 기업들도 새로운 사업 기회를 가질 수 있기 때문입니다.

특히 커머스 업체들에게 금융업 진출은 부족한 수익성을 확보할 좋은 기회가 될 것입니다. 치열한 내부 경쟁으로 고객 경험에 맞춰 서비스를 제공하는 것에 이골이 난 커머스 기업들이 여전히 전통적인 방식에 갇혀 있는 금융사들과의 경쟁에서 훨씬 유리해 보이기 때문입니다.

무엇보다 이미 카카오뱅크라는 메기가 등장했음에도 여전히 과거에 머물러 있는 금융사들은 조금 더 각성할 필요가 있어 보입니다. 모바일이라는 매체에서 고객에게 무언가를 파는 데 특화된 기업들이 곧 대거 경쟁자로 등장할 것이기 때문입니다.

내일의 커머스를
이끌 주인공은
누구인가?

시장의 기본 개념에 대해 익히고 최근 트렌드에 대해 배우고 어떻게 경쟁하고 있는가까지 알았다면, 누가 결국 이 시장에서 살아남아 주인공이 될지가 자연스럽게 궁금해지실 겁니다. 지금부터 내일의 커머스를 이끌 주인공이 누가될지 알아보도록 하겠습니다.

먼저 이커머스 시장을 양분하고 있는 네이버와 쿠팡에 대해 이야기를 나눠보려 합니다. 그리고 이들을 위협할 다크호스 카카오까지 알아간다면 한국의 아마존이 누가 될지 조금이나마 감이 잡히지 않으실까 합니다. 또한 이커머스 기업들만 다루면 섭섭할 오프라인 기업들의 현재 상황 진단과 디지털 전환 가능성에 대해서도 이야기 나눠보겠습니다. 마지막으로 최근 가장 핫한 버티컬커머스 기업들을 분석해보려 합니다. 이들이 과연 앞으로도 쭉 성장할 수 있을지, 어떻게 해야 생존할 수 있을지 이야기해보도록 하겠습니다.

모두가 네이버를 최후의 승자로 뽑는 데는 이유가 있습니다

쿠팡이 뉴욕증권거래소에 상장한 이후 한때 기업가치가 100조 원 가까이 치솟자, 쿠팡 못지않게 화제의 중심으로 올라선 기업이 있 습니다. 바로 네이버인데요, 쿠팡과 함께 국내 이커머스 시장의 양 강 구도를 이루고 있는 곳이기 때문에 비교 대상이 되는 게 어찌 보 면 당연하겠죠. 그래서 쿠팡의 기업가치가 고평가 받으면 받을수록 네이버의 주가도 올라가는 재밌는 현상도 벌어지고 있습니다.

하지만 쿠팡과 네이버는 양립할 수 없는 사이입니다. 둘 다 시장 점유율을 30% 이상으로 끌어올려, 국내 온라인 쇼핑 시장의 아마 존이 되고자 하니 말입니다. 그러다 보니 둘을 비교 분석하는 기사 나 글들을 심심치 않게 찾아볼 수 있습니다.

하지만 신기하게도 대부분의 글들은 높은 확률로 네이버의 최종 승리를 예측하는 경우가 많습니다. 도대체 왜 사람들은 쿠팡이 아닌, 네이버의 승리에 높은 금액을 베팅하고 있는 걸까요? 과연 네이버 쇼핑의 미래는 정말 밝을지 한번 살펴보도록 하겠습니다.

네이버의 현 실적은 역대급이나, 걸러서 봐야 합니다

우선 2020년 네이버의 커머스 실적은 정말 역대급입니다. 우선 연간 거래액은 전년 대비 무려 40% 성장한 28조 원으로, 전체 온라인 쇼핑 시장의 17.4%로 시장 1위 플랫폼입니다. 가장 큰 경쟁자 쿠팡이 21조 원 규모로 점유율 13%를 기록한 것에 비해서 확실히 압도적인 실적입니다. 더욱이 네이버 쇼핑은 거래액뿐 아니라 순매출액도 1조 897억 원을 달성하며 드디어 조 단위를 돌파하였습니다. 이커머스 기업으로서 조 단위의 매출은 쿠팡, 이베이코리아에 이어 세 번째 기록입니다. 여기에 더해 정확하게 공개되지는 않았지만 쇼핑 부문에서 상당한 영업이익을 만들었을 걸로 추정되기까지 하니 더할 나위 없이 완벽한 실적이라 평가할 만합니다.

그래서 네이버의 최종 승리를 지지하는 사람들은 이러한 거래액 실적을 강조하며, 네이버 커머스의 장밋빛 미래를 말하는 경우가 많습니다. 물론 네이버 쇼핑의 내일이 어둡다는 건 아닙니다만, 우리는 네이버 쇼핑 거래액의 허와 실을 제대로 파악할 필요가 있습니다.

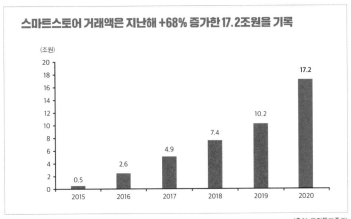

스마트스토어 거래액은 지난해 +68% 증가한 17.2조원을 기록

(출처: 유진투자증권)

네이버 쇼핑은 크게 입점한 쇼핑몰과 스마트스토어로 나뉩니다. 우선 입점 쇼핑몰은 네이버 내 검색 노출을 목적으로 들어온 곳입니다. 여기에는 일반 소호몰은 물론이고, 브랜드몰, 심지어 쿠팡과 같은 경쟁 플랫폼들의 상품들도 들어와 있습니다. 이와 같은 플랫폼 모델을 우리는 메타 쇼핑이라고 부릅니다. 대표적인 곳이 지그재그입니다. 이러한 메타 쇼핑의 경우 플랫폼 지배력이 오픈마켓 형태보다 약할 수밖에 없습니다 트래픽이 줄어들면 입점한 셀러들이 언제든 떠날 수 있기 때문입니다. 반면에 스마트스토어는 네이버 쇼핑이라는 오픈마켓에 직입점한 케이스라고 보시면 됩니다. 따라서 네이버에서 쉽게 이탈할 수 없습니다. 그래서 네이버는 브랜드스토어를 론칭하는 등 지속적으로 네이버 플랫폼 내에서 만든 쇼

펌몰들의 수와 비중을 늘리려고 노력하고 있습니다. 둘 중 네이버의 폭발적인 성장세를 이끈 것은 스마트스토어였습니다.

위의 그래프에서 보시다시피 작년 한 해 스마트스토어의 거래액은 무려 70%나 늘어났을 정도로 폭발적인 성장세를 보였습니다. 그 덕택에 네이버 쇼핑도 역대급 실적을 기록할 수 있었던 겁니다. 그렇다면 스마트스토어를 제외한 거래액은 어떻게 변했을까요. 업계에서 추정하는 네이버의 2019년 대비 2020년 거래액 성장 규모는 8조 원입니다. 근데 스마트스토어에서만 7조 원이 늘어났으니 그 외 부분에서는 1조 원 성장에 그쳤다는 뜻입니다. 이는 성장률로는 10% 정도에 불과합니다. 작년 온라인 쇼핑 전체 성장률이 18.4%였으니 시장 성장보다도 못했다는 결론이 나옵니다.

이와 같이 작년 네이버는 스마트스토어 부분에서는 괄목할 만한 성장을 거두었지만, 그 외 영역에서는 실질적으로 오히려 역성장한 한 해였습니다. 이유는 간단합니다. 우선 검색 시장에서 네이버의 지배력이 점차 약화되어가고 있습니다. 구글이나 유튜브에 지속적으로 트래픽을 빼앗기고 있기 때문입니다. 또한 온라인 쇼핑을 할 때 가장 먼저 네이버를 거치는 비중도 점차 줄고 있습니다. 쿠팡은 물론, 버티컬 커머스 플랫폼들이 인기를 끌면서 이들의 앱에서 쇼핑을 시작하는 고객 수가 점차 늘어가고 네이버 쇼핑의 지배력은 약화되고 있습니다.

사실 과거 네이버 쇼핑은 오히려 지금보다도 더 큰 파워를 가지고 있었습니다. 당시 시장 1, 2위 사업자였던 이베이코리아와 11번가 모두 네이버 쇼핑에 상품 공급을 중단했다가, 떨어지는 트래픽과 거래액을 감당하지 못하고 돌아온 것은 유명한 사례입니다. 하지만 앱 비중이 높은 플랫폼은 비교적 이러한 통제에서 자유롭습니다. 대표적으로 쿠팡은 필요할 때만 네이버 쇼핑에 입점하는 전략을 사용하고 있습니다. 그러나 작년 실적에서 볼 수 있듯이 이러한 시장 지배력도 이제 점차 한계를 향해 달려가고 있는 듯합니다. 소비자의 쇼핑 트렌드가 PC에서 모바일로, 그리고 모바일에서도 앱 중심으로 바뀌고 있기 때문입니다. 그렇다면 이제 네이버의 좋은 시절이 끝났다는 걸까요?

물론 아닙니다. 네이버 입장에서 스마트스토어야말로 진짜 실력이 드러나는 부분입니다. 따라서 타 부문의 성장 정체는 아쉽지만 스마트스토어가 지금처럼만 성장한다면 충분히 감당할 만합니다. 그렇기에 앞으로는 네이버 쇼핑의 거래액은 물론, 스마트스토어의 거래액 추이를 함께 살펴보셔야 합니다. 특히 브랜드스토어처럼 대형 사업자의 입점 수 및 거래액 규모가 관건입니다. 작년의 무서운 성장세는 사실 코로나로 인한 셀러 열풍이 불면서 일어난 특수 상황이기 때문에, 향후 성장성은 결국 빅브랜드들이 얼마나 네이버에 입점하느냐가 결정지을 것으로 보이기 때문입니다. 그렇기에 동시에 네이버는 D2C의 길로 브랜드가 방향을 틀지 않도록 적절한 유인을 계속 만들어줘야 합니다.

네이버의 전략은 유효할 것인가?

그렇다면 네이버의 향후 커머스 전략은 어떻게 움직일까요. 우선 네이버의 목표는 2025년까지 국내 시장 점유율 30% 이상으로 성장하는 겁니다. 결국 한국의 아마존, 알리바바가 될 거라는 말인데, 쿠팡도 동일한 목표를 향해 달려가고 있기 때문에 서두에서 말씀드린 것처럼 필연적으로 둘은 충돌할 수밖에 없습니다. 네이버는 아래와 같은 다섯 가지 전략을 통해 커머스 패권을 노릴 계획이라 합니다.

- **커머스 솔루션**: 스마트스토어와 브랜드스토어를 늘려 광고 매출 성장으로 이끈다.
- **머천트 솔루션**: 개별 판매자의 성장을 위해 AI 기반의 다양한 지원 인프라를 마련한다.
- **다양한 구매 방식**: 라이브 커머스, 구독형 커머스, 렌털 등 다양한 판매 방식 인프라를 제공한다.
- **멤버십 생태계**: 네이버 플러스 중심으로 고객을 더 강하게 락인시킨다.
- **물류 솔루션**: CJ대한통운과 메가 물류센터를 구축하고, 이마트와의 협력을 통해 콜드체인 배송 역량을 확충한다.

이러한 네이버의 전략은 정말로 시의적절해 보입니다. 우선 네이버가 가진 고유의 강점이 너무 뚜렷하고, 이러한 역량이 잘 녹아 있는 청사진이기 때문입니다. 아시다시피 네이버는 태생이 IT기술 기업입니다. 따라서 탁월한 기술 역량을 보유했는데요, 이러한 여러 기술 강점들을 활용하여 커머스, 머천트, 물류 영역에서 솔루션을 제공하겠다는 건 타사가 쉽게 따라 할 수 없을 겁니다.

더욱이 네이버가 국내 최대 포털 사업자라는 점도 무시할 수 없습니다. 앞서 말씀드렸듯이 날이 갈수록 영향력이 약화된 것은 사실지만, 그렇다고 네이버의 영향력을 무시할 수도 없습니다. 특히 라이브 커머스, 구독형 커머스, 렌털 등 다양한 판매 방식 제공 자체가 어렵진 않습니다. 하지만 이런 것들이 성공하려면 당연히 트래픽이 기반되어야 합니다. 그리고 그러한 트래픽에서 압도적인 경쟁력을 가지고 있는 곳이 바로 네이버입니다.

마지막으로 네이버가 진정 무서운 것은 이 모든 것들을 혼자 하려 욕심내지 않는다는 겁니다. 네이버는 작년 CJ와, 그리고 올해는 신세계-이마트와 지분 교환을 하며 우군으로 끌어들였고, 많은 스타트업들에 투자하며 거대한 연합군을 만들어냈습니다. 그리고 쿠팡과 달리 제조사 브랜드들과도 사이가 좋은 편입니다. 대표적으로 LG생활건강은 쿠팡을 공정위에 제소할 정도로 사이가 나쁘지만, 네이버에는 오히려 브랜드스토어에 직입점할 정도입니다. 특히 CJ는 물류, 신세계-이마트는 신선식품과 명품이라는 네이버에게 빠져 있던 마지막 조각을 채워준 만큼 더욱더 파급력이 클 것으로 보입니다.

특히 앞서 여러 번 언급했지만 신세계-이마트와의 협력은 제대

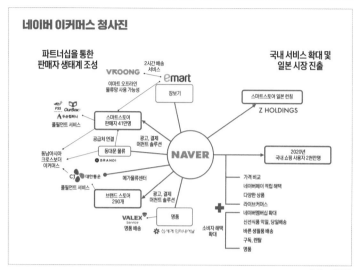

네이버 이커머스 청사진

(출처: 교보증권)

로 진행되면 엄청난 시너지를 일으킬 전망입니다. 네이버 한성숙 대표는 2021년 3월 31일에 보낸 주주서한에서 신세계-이마트의 7,300개 오프라인 거점을 활용해 네이버 장보기에서 당일배송, 익일배송을 도입하거나 멤버십을 활용한 무료배송 혜택을 주는 방안, 스마트스토어 신선식품 배송에 활용하는 방안 등을 구체적으로 검토 중이라고 밝혔습니다. 이 중 하나만 제대로 구현되어도 현재 쿠팡의 로켓프레시와 마켓컬리가 앞서가고 있는 온라인 마트 시장에 엄청난 지각변동을 일으킬 수 있을 것으로 예상됩니다.

물론 여기서도 틈은 있습니다. 직접 하는 것보다 다른 기업과 제휴를 맺는 것이 속도도 빠르고 비용도 적게 들지만 아무래도 반응 속도가 느릴 수밖에 없습니다. 그리고 상호 이해관계가 상충하는 부분도 존재하기에 조율이 쉽지 않을 수 있습니다. 더욱이 신세계-이마트의 경우 SSG를 오픈마켓으로 전환시키며 독자적인 플랫폼 구축을 포기하지 않은 상황입니다. 즉 언제까지 이들의 협력이 지속될지 아무도 장담하지 못한다는 겁니다. 오히려 독불장군 쿠팡의 미친 듯한 속도가 연합군을 물리칠지도 모른다는 겁니다.

특히 결국 물류 경쟁을 벌이게 된다면 아무리 CJ대한통운과 함께 한다 하더라도 후발 주자인 네이버가 불리할 수밖에 없습니다. 이미 쿠팡은 전국 물류 배송망에 쿠팡이츠 기반 근거리 배송망까지 확실하게 기반을 다진 상황이기 때문입니다. 메가 물류센터 전략이 오히려 돈만 잡아먹는 자충수가 되어버릴지도 모릅니다. 그리고 카카오의 존재도 변수입니다. 특히 카카오는 라이브 커머스나 구독 커머스에 이미 진출해서 기반을 다지고 있는 상황입니다. 이는 네이버가 확대하고자 하는 방향과 카카오의 구상은 상당히 겹치는 부분이 많다는 뜻입니다. 따라서 쿠팡과의 커머스 전쟁에서 카카오마저 적군이 된다면, 네이버에게 불리한 요소로 작용하지 않을까 싶습니다.

네이버 쇼핑의 진짜 미래는 일본에 있다?

하지만 그럼에도 불구하고, 네이버 쇼핑의 미래는 여전히 밝은 것 같습니다. 물론 현시점에서 국내 이커머스 시장의 최종 승자를 예측하기는 어렵습니다. 쿠팡과 네이버 둘 중 하나가 한국의 아마존으로 우뚝 설 수도 있고, 둘 혹은 셋이 시장을 과점하는 형태로 결론 날지도 모릅니다. 하지만 중요한 것은 네이버에게 주어진 기회의 땅은 한국만이 아니라는 점입니다.

이제 네이버에게는 일본이라는 새로운 선택지도 주어졌습니다. 야후 재팬과 라인이 합병해서 탄생한 Z홀딩스를 통해 네이버도 본격적으로 일본 내 이커머스 시장 진출을 꾀하고 있기 때문입니다. 잠깐 여기서 Z홀딩스라는 기업에 대해 조금 알고 넘어가셔야 합니다. 간단히 말해 한국으로 치자면, 네이버와 카카오가 합병했을 때를 상상하시면 되는 기업이라 할 수 있는데요, 포털 1위 사업자인 야후 재팬과 모바일 메신저 1위인 라인이 결합했기 때문입니다. 이들은 또한 엄청난 자회사들을 거느리고 있습니다. 배달 앱 1위인 데마에칸을 라인이 가지고 있고, 2위인 우버이츠는 야후 재팬의 모회사인 소프트뱅크의 투자를 받은 곳입니다. 여기에 원조 무신사라 할 수 있는 일본 1위 패션 쇼핑몰 조조타운도 야후 재팬의 자회사입니다.

즉 약간 과장하자면 Z홀딩스는 네이버 + 카카오 + 배달의민족 + 무신사와 같은 기업이라 할 수 있습니다. 정말 무시무시합니다. 이러한 Z홀딩스가 스마트스토어 플랫폼을 일본 시장에서도 선보이며 라인과 결합한 새로운 형태의 모델도 2021년 6월에 오픈할 예정이라 합니다. 그리고 아직 구체적인 계획이 나온 건 아니지만, 이러한 모델을 라인이 이미 진출해 있는 태국 등으로도 확산시킬 계획이라 하니 정말 대단합니다.

이 중 일본의 소매시장은 국내 소매시장의 3배 정도 규모지만, 온라인 침투율은 1/3 수준에 불과하다고 합니다. 따라서 국내 대비 거의 10배 이상의 시장으로 성장할 잠재력이 있는 곳이 일본의 온라인 쇼핑 시장입니다. 더욱이 이미 야후 쇼핑은 32조 원 규모의 거래액을 기록하고 있다고 하니, 일본판 스마트스토어 사업의 미래가 밝을 수밖에 없습니다.

네이버는 네이버다, 1등의 저력이 어디 가겠나?

지금까지 향후 이커머스 시장을 주도할 주요 플레이어들 중 네이버를 가장 먼저 살펴보았습니다. 현재 시장 1위인 실적과 뛰어난 IT기술력, 거기에 막강한 네이버 연합까지, 네이버 쇼핑의 내일이 어둡다는 게 더 이상합니다. 하지만 무엇보다 네이버의 최대 강점은 바로 오랜 기간 국내 1위 포털을 지켜온 경험과 노하우입니다.

네이버는 다음을 제치고 국내 1위 포털로 올라선 후, 수많은 도전 속에서도 포털 업계 1위는 물론 IT기업 중에서도 최고의 자리를 꿋

꿋이 지켜왔습니다. 그렇기에 역량 있는 인적 자원이나 축적해온 자본도 엄청난 곳입니다. 더욱이 국내는 물론, 라인 등의 글로벌 서비스도 보유하고 있습니다. 이러한 네이버, 1등의 저력을 가진 네이버이기에 아마 당분간 네이버 쇼핑의 내일도 밝지 않을까 싶습니다.

100조 기업가치 쿠팡은
하루아침에 이루어지지 않았다

2021년 상반기 최고 스타는 역시 쿠팡이 아닐까 싶습니다. 상장을 한다는 것도 빅뉴스인데 국내도 아닌 미국, 그것도 나스닥이 아닌 뉴욕증권거래소에서 기업공개를 하며 화젯거리가 되었습니다. 그리고 2021년 3월 11일 운명의 상장날, 쿠팡의 주가는 공모가 35달러에서 무려 41% 오른 49.25달러까지 오르면서 성공적으로 기업공개를 마무리하였습니다. 이로써 쿠팡의 시가총액은 무려 100조 원에 육박하였고, 이는 코스피 기준으로 2, 3위에 해당하는 엄청난 규모입니다.

상장 전 쿠팡은 엄청난 영업 적자로 인해 곧 파산한다는 논란에 시달려야 했습니다. 하지만 상장으로 약 5조 원 규모의 자금을 확보하면서 자본잠식 위기에서 벗어나자, 이제 거품 논란에 시달리고 있습니다. 쿠팡의 주가가 너무 고평가되어 있다는 건데, 실제로 상장 직후 쿠팡의 주가는 하락세를 보였습니다. 심지어 공모가 보다도 아래로 떨어지며 약세를 면치 못하고 있습니다.

그럼에도 불구하고, 2021년 9월 말 시점으로 쿠팡의 기업가치는 여전히 60조 원에 육박합니다. 놀라운 건 국내 유통을 대표하는 신세계, 이마트, 롯데쇼핑, 현대백화점의 기업가치를 모두 합쳐도 15조 원도 안된다는 겁니다. 아니 상장한 국내 모든 유통기업들을 합쳐도 쿠팡의 시가총액에는 못 미치는 상황이니, 고평가 논란이 나올 수밖에 없습니다.

사실 이러한 쿠팡의 높은 기업가치는 현 상황을 반영한 것이라기 보다는 미래 성장성을 평가한 것으로 보입니다. 따라서 쿠팡이 이러한 기대에 부응하기 위해선 앞으로 이커머스 시장 내 점유율을 더 끌어올려야 합니다. 그렇다면 도대체 쿠팡은 얼마나 성장해야 스스로 본인의 기업가치가 정당함을 증명할 수 있을까요?

쿠팡은 한국의 아마존을 표방하는 걸로 유명합니다. 주요 비즈니스 모델도 아마존의 것을 차용하였고, 미래 전략도 유사합니다. 미국 언론에서도 이번 기업공개 당시 한국의 아마존이라며 소개를 하곤 했습니다. 쿠팡의 공모가 등을 정할 때도 아마존의 사례를 많이 참조했다고 합니다.

여기서 쓰인 지표가 바로 아마존의 PSR(주가 매출 비율)입니다. 우리는 보통 기업의 가치를 평가할 때 PER(주가 수익 비율)을 기준으로 삼습니다. PER은 특정 주식의 가격을 주당 순이익으로 나눈 지표로, 따라서 숫자가 클수록 기업이 고평가되었다고 판단합니다. 하지만 쿠팡은 적자 기업이라 PER로 평가가 아예 불가능합니다. 그래서 순이익이 아니라, 기업의 가치를 매출 대비 배수로 평가하는 PSR을 적용해야 합니다. PSR은 만약 A라는 기업의 매출이 1조 원이고, PSR이 2면 기업가치는 2조 원이 되는 형태입니다.

그리고 아마존의 PSR은 4.28입니다. 지난해 쿠팡의 매출이 13조 원이니, 동일한 PSR 배수를 적용하면 쿠팡의 적정 기업가치는 55조 원이 됩니다. 하지만 쿠팡의 기업가치는 무려 90조 원에 육박하니 고평가가 된 것이 맞습니다. 더욱이 아마존의 PSR 배수를 그대로 적용해도 되는 것인지에 대해서도 의문점이 생깁니다. 우선 아마존은 무려 50%가 넘는 점유율로 북미 이커머스 시장을 완전히 지배하고 있습니다. 그러나 쿠팡의 이커머스 시장 내 점유율은 13% 정도로 추정됩니다. 심지어 1등은 17%의 네이버입니다. 더욱이 가장 선진 시장인 북미 시장을 장악한 데다가 글로벌 시장에서도 존재감을 드러내는 아마존과 달리 쿠팡은 아직까진 철저한 내수 기업입니다. 아무리 한국의 이커머스 시장 규모가 전 세계 TOP5 안에 들고 성장성도 높다 해도, 한계점을 가질 수밖에 없습니다.

따라서 쿠팡은 거래액과 시장 점유율 모두를 끌어올려야 합니다. 앞서 네이버의 목표가 시장 점유율 30% 수준이라고 했었는데, 쿠팡도 최소한 그 정도 수준에 이르러야 현재의 기업가치에 걸맞는 실적을 올리게 됩니다. 그렇다면 쿠팡은 과연 네이버를 비롯한 강력한 경쟁자들을 물리치고 1등 플랫폼으로 우뚝 설 수 있을까요?

쿠팡의 가장 무서운 점은 성장성

투자자들이 현재의 쿠팡보다 미래의 쿠팡을 기대하며 거액을 베팅한 데는 다 이유가 있습니다. 왜냐하면 쿠팡의 성장성은 정말 무서울 정도이기 때문입니다. 이번에 공개된 쿠팡의 2019년 대비 2020년 매출 성장률은 무려 91%입니다. 사실상 딱 두 배 성장한 셈이죠. 쿠팡이 이미 2019년에도 거래액 기준 국내 2위 플랫폼이었다는 점을 고려하면 말도 안 되는 성장세입니다.

이러한 로켓성장의 배경에는 코로나19라는 예기치 않았던 이슈가 영향을 미친 것도 사실입니다. 실제로 국내 이커머스 시장 전체가 작년 한 해 18.4% 성장하기도 했습니다. 하지만 모든 업체가 이러한 흐름을 타고 성장한 것은 아닙니다. 대표적으로 11번가와 위메프는 전년 대비 보합세 혹은 오히려 거래액이 역성장하기도 했습니다. 하지만 쿠팡은 시장 성장률을 웃돈 성장세를 보였다는 게 포인트입니다. 그것도 엄청나게 말입니다. 전체 이커머스 성장의 20% 정도는 쿠팡 몫이라고 하니, 어떻게 보면 국내 이커머스 시장 전체의 성장을 쿠팡이 견인했다고 봐도 될 정도입니다.

쿠팡이 성장할 수밖에 없는 이유

그렇다면 이러한 쿠팡의 성장은 대체 어디서 왔을까요? 쿠팡의 힘은 충성고객들에게서 나옵니다. 쿠팡의 2020년 4분기 구매 고객은 1,485만 명이라고 합니다. 이는 곧 전 국민 네 명 중 한 명은 최근 3개월 이내에 쿠팡을 이용해보았다는 걸 의미합니다. 그리고 이 중 쿠팡의 유료 멤버십 로켓와우 회원은 무려 470만 명으로 전체 구매 고객의 32%를 차지했습니다. 이들의 구매 빈도는 일반 고객의 네 배 이상이라 합니다. 이렇듯 전 국민 10명 중 1명을 팬으로 보유한 플랫폼, 당연히 성장할 수밖에 없지 않습니까?

쿠팡의 팬들은 거저 생긴 게 아닙니다. 쿠팡의 팬 관리는 지독할 정도로 철저합니다. 이 중 화룡점정이라고 할 만한 것이 작년 크리스마스이브에 론칭한 쿠팡 플레이였습니다. 쇼핑몰이 뜬금없이 OTT까지 사업을 확장하며 고객 리텐션retention에 목숨을 걸고 있다는 걸 보여준 겁니다.

이러한 쿠팡의 두터운 고객 집단을 보여주는 지표 중 하나가 앱의 사용자 수입니다. 아이지에이웍스 모바일인덱스HD 제공 자료에 따르면 쿠팡은 2021년 3월 기준 국내 MAU 순위가 무려 7위입니다. 10위 내 유일한 쇼핑앱인 것은 물론이고, 그보다 높은 순위를 기록한 앱 중 크롬이나 삼성 갤러리 같은 시스템앱들을 제외하면, 1위 카카오톡, 2위 유튜브, 3위 네이버에 이은 실질적 4위입니다. 심지어 페이스북이나 인스타그램보다도 순위가 높다는 겁니다. 그래서 쿠팡은 유일하게 쇼핑 관련 검색을 꽉 집고 있는 네이비와 경쟁할 수 있다는 평가를 받는 것이고, 슈퍼앱이라는 호칭이 가장 잘 어울리는 플랫폼이기도 합니다.

**〈그림4-1〉쿠팡은 국내 APP MAU 순위에서 10위 안에 드는 유일한 쇼핑앱입니다
실질 순위로는 카카오톡, 유튜브, 네이버 다음입니다**

순위	앱명	마켓 카테고리	업종	전체 사용자 수	OS 비중
1	카카오톡 KakaoTalk	커뮤니케이션	메신저/전화/영상통화	44,782,001	
2	YouTube	동영상 플레이어/편집기	동영상 스트리밍	42,841,108	
3	네이버 - NAVER	도서/참고자료	인터넷/브라우저	40,201,170	
4	Chrome: 빠르고 안전한 브라우저	커뮤니케이션	인터넷/브라우저	28,926,147	
5	Google	도구	인터넷/브라우저	26,722,366	
6	삼성 갤러리	사진	갤러리/관리	26,572,649	
7	쿠팡 (Coupang)	쇼핑	e-commerce/오픈마켓	25,036,170	
8	Samsung Calculator	도구	계산기	21,616,104	
9	밴드	소셜	SNS/커뮤니티	21,143,608	
10	Samsung Internet 브라우저	커뮤니케이션	인터넷/브라우저	19,361,483	

(출처: 아이지에이웍스 모바일인덱스HD)

그런데 여기서 끝이 아닙니다. 쿠팡의 진짜 가치는 이러한 팬들의 충성도가 날이 갈수록 높아지고 있다는 점에 있습니다. 특히 쿠팡의 고객당 구매 금액은 꾸준히 우상향 중입니다. 쿠팡의 ARPU(고객당 수익)은 2018년 127달러에서 2019년에는 161달러로, 2020년에는 256달러로 점점 커지고 있습니다. 무엇보다 2020년의 성장률은 무려 59%였다는 것이 대단합니다.

쿠팡이 무서운 개미지옥이라는 점은 기존 고객의 거래액 비중에서도 알 수 있습니다. 매년 거래액 중 기존 고객 비중이 점차 높아지고 있는 건데, 작년엔 무려 90%의 거래액이 기존 고객들에게서 발생했습니다. 이 점이 대단한 것은 쿠팡의 매출이 딱 두 배 성장했다는 데 있습니다. 구매 고객은 고작 10% 남짓 늘어났는데, 매출이 두 배 커졌다는 건 그만큼 고객당 매출액이 성장했다는 걸 의미하기 때문입니다. 실제 코호트 분석(동질 집단 분석) 결과를 보면, 기존 고객

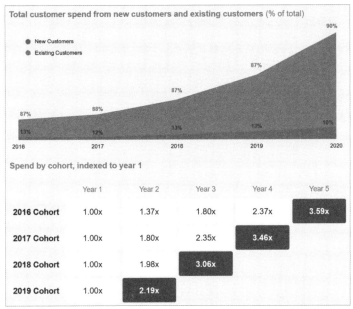

Total customer spend from new customers and existing customers (% of total)

● New Customers
● Existing Customers

	Year 1	Year 2	Year 3	Year 4	Year 5
2016 Cohort	1.00x	1.37x	1.80x	2.37x	3.59x
2017 Cohort	1.00x	1.80x	2.35x	3.46x	
2018 Cohort	1.00x	1.98x	3.06x		
2019 Cohort	1.00x	2.19x			

Spend by cohort, indexed to year 1

(출처 : 쿠팡 상장신청서)

의 매출 증가 속도도 더욱 빨라지고 있습니다. 예를 들어 2018년 만 원을 구매한 신규 고객은 2019년에 1만9천 800원을 샀습니다. 하지만 2019년에 만 원을 구매한 고객은 2020년에 2만2천 원이나 쿠팡에서 지출했습니다. 그리고 이러한 배수는 매년 꾸준히 커지고 있습니다. 이러한 성장의 이면에는 쿠팡이 패션, 신선식품 등 다양한 카테고리로 확장하며 점차 모든 쇼핑을 쿠팡 안에서 할 수 있게 만들고 있는 노력이 있었습니다.

특히 로켓프레시의 성장은 쿠팡의 내일을 더 밝게 만드는 부분입

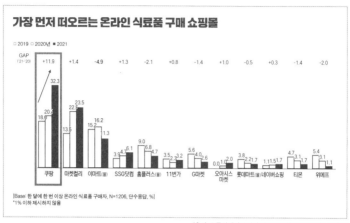

(출처: 오픈서베이 온라인 식료품 구매 트렌드 리포트 2021)

니다. 국내 소매시장의 온라인 침투율은 자동차를 제외하면, 41.7%로 세계적인 수준입니다. 하지만 식품 카테고리의 온라인 침투율은 24.9%에 불과합니다. 더욱이 마트 장보기는 고객의 리텐션이 타 카테고리 대비 높기까지 합니다.

그리고 현재 온라인 마트에서 가장 앞서가고 있는 곳이 바로 쿠팡입니다. 온라인에서 식료품을 구매한다면 어느 쇼핑몰이 떠오르냐는 질문에 무려 32.3%의 고객들이 쿠팡을 첫 손에 꼽을 정도니 말입니다. 이는 마켓컬리보다 10% 남짓 높고, 이마트몰과 SSG를 합친 것의 거의 두 배 정도 수준입니다. 로켓프레시를 앞세운 쿠팡이 온라인 마트마저 장악한다면 커머스 왕좌는 쿠팡에게 돌아갈 가능성이 높습니다.

쿠팡의 적자 해결할 수 있을까?

하지만 여전히 쿠팡에게 의심의 눈초리를 거두지 않는 이들도 많습니다. 특히 이들이 지적하는 것은 쿠팡의 수익 구조입니다. 심지어 쿠팡의 누적 영업손실은 4조 원을 넘습니다. 2020년에도 많이 줄이긴 했지만, 5800억 원이라는 엄청난 영업손실을 기록하고 있다는 것은 분명 취약 포인트입니다.

그렇지만 확실히 매출 대비 적자 비율은 물론이고, 규모도 동시에 줄여나가고 있다는 부분은 긍정적으로 평가할 만합니다. 더욱이 작년 코로나 이슈로 인해 추가 지출이 약 5천억 원 발생한 것을 고려

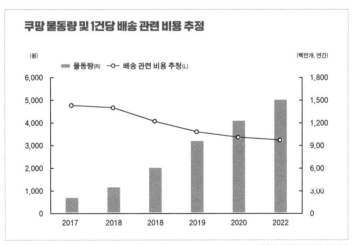

〈도표4-4〉 쿠팡의 물동량 증가는 드디어 건당 배송비용을 감당 가능한 수준까지 하락시킬 것으로 보입니다

쿠팡 물동량 및 1건당 배송 관련 비용 추정

(출처: 미래에셋대우 리서치센터)

하면, 실제 적자 규모는 2천억대로 더 작아집니다.

또한 추정 택배 건당 비용을 고려할 때, 아마 빠르면 올해 늦어도 내년 정도면 연간 흑자 전환이 확실시되고 있습니다. 그동안 쿠팡이 기록적인 적자 행진을 해온 것은 오로지 물류비용 때문! 택배 한 건당 배송비가 4,000~5,000원 수준이었기에 도저히 이익구조를 만들 수 없었던 겁니다. 하지만 물류 특성상 물동량이 늘수록 건당 비용은 떨어지게 되고, 드디어 그 변곡점에 도달한 것입니다. 무서운 거래액 성장세 덕분이었습니다. 물류 운영에 여유가 생기자, 역으로 쿠팡은 택배 사업자 승인에 도전하며 택배업으로 추가 수익까지 올릴 기세입니다.

특히 이미 현금흐름이 3,515억 원 유입으로 전환한 점은 가장 좋은 신호라 할 수 있는데요. 현금흐름이 플러스라는 것은 외부 자금 수혈 없이도 쿠팡이 더 버틸 수 있다는 것을 의미하기 때문입니다. 다만 매입채무도 큰 폭으로 증가한 부분은 여전히 위험 요소입니다. 현금흐름 자체가 쿠팡의 늦은 정산 시점으로 개선된 부분이기 때문입니다. 최장 두 달 뒤 정산하는 쿠팡의 정산 프로세스 덕분에 쿠팡은 막대한 영업 적자 속에서도 살아남을 수 있었습니다. 하지만 최근 이른바 로켓 정산법, 즉 빠른 정산을 법으로 강제하려는 입법 시도가 있었고, 이러한 규제가 현실화된다면 쿠팡에겐 상당한 압박으로 돌아올 것이 분명합니다. 물론 상장으로 조 단위의 자금을 거머쥔다면 이 또한 극복할 수 있겠지만 말입니다. 이제 쿠팡이 영업 적자로 곧 망할 것이라는 리스크는 거의 사라졌다고 봐도 무방할 것 같습니다.

쿠팡이 꿈꾸는 내일은?

이번 상장을 하면서 쿠팡이 직접 밝힌 포부는, 고객의 입에서 "쿠팡 없이 어떻게 살았을까?"라는 말이 자연스럽게 나오게 만드는 거라 합니다. 따라서 쿠팡의 전략은 단순하면서도 강력합니다. 쿠팡은 유통망의 양 끝단을 통합하는 수직계열화를 통해 고객의 경험을 압도적으로 개선시키는 게 목표이기 때문입니다.

네이버처럼 쿠팡도 기술 투자를 게을리 하지 않고 있습니다. 창업 초기부터 쿠팡은 기술 기업을 표방하였고, 개발자 인력들도 공격적으로 확보하였습니다. 머신러닝, 인공지능, 클라우드 등 새로운 기술과 도구를 도입하였고, 이는 쿠팡이 구축한 물류망과 결합하여 시너지를 낼 것으로 보입니다.

쿠팡은 이미 2020년 말 기준으로 전국 30개 도시에 100개 이상의 쿠팡 물류센터를 운영 중입니다. 네이버가 뒤늦게 CJ대한통운과 협업하여 메가 물류센터를 만든다고 하지만 쉽게 따라잡을 수준이 아닌 셈입니다. 이렇게만 보면 쿠팡이 경쟁에서 지는 걸 상상하기 어렵습니다. 하지만 쿠팡에게는 치명적인 약점이 하나 있습니다.

쿠팡 없는 세상은 쿠팡이 만들 수도 있다

네이버의 강점이 네이버 그 자신이듯, 쿠팡의 약점도 바로 쿠팡입니다. 쿠팡은 아마존처럼 고객을 향한 집착을 중요시하는 기업입니다. 그러다 보니 입점 업체나 직원들에게는 나쁘게 대하는 아마존의 안 좋은 모습마저 닮아 버린 듯합니다.

쿠팡은 그래서 수많은 안 좋은 이슈들에 둘러싸여 있습니다. 물류센터 노동자 처우 문제, 쿠팡이츠 라이더 수수료와 같은 노무 문제부터, 늦은 정산, 아이템 마켓 등 입점 업체와의 불공정 거래 문제까지 말입니다. 실제 쿠팡은 상장 이후 확보한 자금을 기반으로 가수 비를 모델로 기용하여 대대적인 캠페인을 벌였지만, 방송국 시사프로그램의 보도로 인해 급제동이 걸리고 말았습니다. 심지어, 이천 물류센터 화재 사건 이후 연이은 악재들로 쿠팡 불매운동이 일어나기도 했었습니다. 아마존에서 가져온 고객 중심 전략도 좋지만, 아마존이 겪고 있는 여러 생태계 구성원들과의 갈등 문제까지 답습하는 것은 쿠팡에게 이로울 게 없습니다.

쿠팡은 경영전략 측면에서는 꾸준히 잘해왔고, 그러한 성과를 인정받아 파산 위기를 이겨내고 상장에도 성공하였습니다. 이제는 이러한 대내외적인 리스크를 관리해야 하는 시점이 아닐까 싶습니다. 쿠팡이 없는 세상을 쿠팡이 만들 수는 없지 않겠습니까? 쿠팡이 만약 이러한 약점조차 극복해낸다면, 네이버와의 한판 승부 충분히 해볼 만할 것 같습니다.

카카오의 커머스 진출은
이제 시작이다!

커머스 시장에서 쿠팡이 네이버의 경쟁자라지만, 가장 네이버와 부딪히는 기업은 역시 카카오입니다. PC 웹을 기반으로 하여 1세대 벤처 기업을 대표하는 곳이 네이버라면, 카카오는 스마트폰이 등장한 이후 성장한 스타트업들의 선구자라 할 수 있습니다. 둘은 국내 IT 기업들을 대표하기도 하면서 여러 분야에서 치열한 경쟁을 벌이고 있습니다.

하지만 카카오가 유독 네이버보다 뒤처져 있는 곳이 바로 커머스 시장입니다. 네이버는 시장 1위로 무려 28조 원의 거래액을 자랑하니 말입니다. 반면에 카카오의 커머스 거래액은 추정치도 최소 3조 원에서 최대 9조 원에 이른다고 알려져 있습니다. 최대치로 잡아도 네이버에 비하면 한참 떨어지는 수준이긴 합니다.

그런데 카카오의 커머스는 참으로 특이합니다. 우선 주력 비즈니스 모델이 카카오톡 선물하기입니다. 업계에서는 카카오톡 선물하기만으로도 연간 최소 3조 원 정도의 거래액이 발생하는 것으로 추정하고 있습니다. 이외에도 주문 제작과 공동 주문 기반으로 한 카카오 메이커스나 공동구매 형태의 톡딜 등 정말 특이한 서비스가 많습니다. 이처럼 괴짜이면서 성장 속도도 빠릅니다. 2020년 거래액이 전년 대비 64% 성장했을 정도니 말입니다.

이러한 카카오가 아무도 예상치 못한 지그재그 인수 소식을 전하면서, 이커머스 시장 돌풍의 핵으로 떠오르고 있습니다. 지그재그는 거래액이 7,500억 원에 달하는 여성 패션 버티컬 커머스 1위 플랫폼입니다. 카카오는 이러한 지그재그를 약 1조 원에 달하는 금액을 투자하며 품으면서 본격적인 커머스 확장을 선포하였습니다. 과연 괴짜 카카오는 네이버와 쿠팡의 양강 구도로 굳어진 이커머스 시장에 파란을 일으킬 수 있을까요?

카카오는 왜 이베이를 포기했을까?

2020년 3월 16일, 이베이코리아 인수 예비입찰이 마감되었습니다. 사실 올 초 처음 이베이코리아 매각 이야기가 나왔을 때만 해도, 대부분 부정적인 입장이었습니다. 하지만 쿠팡이 상장하면서 상황이 갑자기 급변했습니다. 커머스 기업의 가치 재평가 바람이 불면서 인수전은 갑자기 뜻밖의 흥행을 일으키기 시작했습니다. 특히 카카오의 참전 소식이 전해지면서, 시장의 기대는 말 그대로 정점을 찍었습니다. 하지만 결국 카카오는 입찰을 막판에 포기하였습니다. 카카오는 도대체 왜 막판에 발을 뺀 것일까요?

카카오가 이베이코리아의 유력한 인수 기업으로 주목받은 것은 앞서 말한 것처럼 카카오의 커머스 사업 부문의 규모가 네이버에 비해 너무 뒤떨어졌기 때문입니다. 특히 네이버와 쿠팡이 치열하게 점유율 30%를 향해 달려가듯이, 결국 커머스 시장에서는 누가 더 큰 규모의 경제를 실현하느냐에 따라 승패가 갈릴 가능성이 큽니다. 그래서 시장 점유율이 12% 수준으로 추정되는 이베이코리아는 매우 매력적이었습니다. 누구든 이베이코리아를 인수하면, 네이버와 쿠팡의 양강 구도에 끼어 들어 삼파전으로 만들 수 있었으니 말입니다.

물론 5조 원으로 책정된 이베이코리아의 가격표가 부담스러울 순 있지만, 카카오는 그 어느 기업보다 현금을 많이 보유했던 터라, 유력한 인수 후보였습니다. 더욱이 카카오가 아주 구체적으로 이를 검토하고 있다는 소식까지 전해지기까지 했습니다. 하지만 내부적으로 격론 끝에 카카오는 끝내 인수전에 불참합니다. 나중에 들려온 얘기에 따르면, 실무진은 긍정적인 의견을 피력했지만, 최종 결정권자인 김범수 의장이 노(No)했다고 합니다. 그리고 이러한 결정의 배경에는 카카오의 향후 전략과 맞지 않다는 판단이 있었냐고 합니다. 5조 원이나 들여 이베이코리아를 품기에는, 원래 계획과도 어울리지 않고, 시너지도 투자 대비 작다고 여긴 겁니다.

카카오의 계획은 남다르다

그렇다면 이베이코리아를 거절하게 만든 카카오의 계획이란 대체 무엇일까요? 지난 2020년 3분기 실적 발표 중 여민수 카카오 공동 대표는 카카오는 커머스 사업에 있어 점유율을 높이는 것을 우선순위로 삼지 않겠다고 선언합니다. 오히려 단기적으로는 카카오가 가장 잘할 수 있는 영역에서 차별적인 경쟁 우위를 가져가면서 성장성과 수익성을 모두 균형 있게 챙길 수 있도록 사업을 전개하겠다는 포부를 밝혔습니다.

이러한 관점에서 이베이코리아가 하고 있는 오픈마켓은 카카오에게 그리 매력적이지 않은 선택지였던 겁니다. 카카오가 잘할 수 있는 차별화된 영역도 아니고, 더욱이 가장 큰 장점이 시장 점유율을 높일 수 있다는 것이니 말입니다.

그렇다면 카카오가 잘할 수 있는 차별화된 것은 무엇일까요? 카카오 커머스의 핵심 경쟁력은 카카오톡입니다. 카카오톡을 통해 만든 관계를 기반으로 한 커머스야말로 카카오가 가장 잘할 수 있는 것이란 뜻입니다. 그래서 카카오를 대표하는 커머스 사업이 선물하기와 공동구매 톡딜인 겁니다. 이 둘은 관계를 빼고선 얘기할 수 없으니 말입니다.

자세히 보면 그렇게 작지도 않다

또한 현시점에 카카오가 거두고 있는 성과들이 만만한 수준인 것도 아닙니다. 그래서 시장은 오픈마켓을 품지 않으면 네이버와 쿠팡을 추격하기 어려운 게 아닌가 의문을 품어도, 카카오는 오히려 자신 있어 합니다. 특히 여민수 카카오 공동대표는 이번에는 2020년 4분기 실적 발표 컨퍼런스 콜에서 위와 같은 의문에 직접 답하기도 했습니다.

카카오커머스는 지난해 12월 기준 선물하기 2,173만 명, 톡스토어 1,289만 명, 메이커스 606만 명의 월간 활성이용자수(MAU)를 기록했기에, 적어도 트래픽 측면에서 경쟁사 못지않다는 겁니다. 또한 고객의 리텐션 측면에서도 톡스토어와 톡딜에서 한 달내 재구매하는 고객 비중은 각각 62%, 73%일 정도로 고무적인 성과를 기록하고 있다고 덧붙였습니다. 마지막으로 객단가 측면에서도 선물하기는 이용자의 넓은 취향을 커버할 수 있는 명품, 프리미엄 브랜드 라인업이 추가되었기에, 향후 지속적인 객단가 상승이 예상된다고 자평하였습니다.

하지만 이러한 자신감이 근거 없는 것은 아닙니다. 그 발언처럼 트래픽 측면에서 전혀 꿀릴 게 없는 것도 사실이고요. 카카오톡 선물하기 내 명품 거래가 늘어날 정도로, 모바일 티켓에 국한되었던 카테고리도 확장시키고, 객단가도 동시에 끌어올리고 있습니다. 이처럼 선물하기 영역에서는 압도적인 위치를 차지하고 있고, 온라인

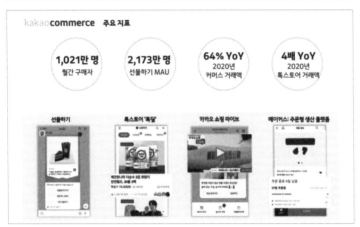

침투율이 낮은 카테고리 중 하나인 명품에서도 두각을 나타내고 있는 상황이니 카카오의 성장성은 앞으로도 높은 수준을 유지할 것으로 보입니다.

또한 이러한 차별화된 서비스를 바탕으로 카카오 커머스는 업계 내에서 드물게 흑자를 기록하고 있기도 합니다. 2020년 매출 5,735억 원에 영업이익이 1,595억 원으로 영업이익률이 무려 27.8%입니다. 아무리 선물하기 중심으로 비즈니스 모델이 독특하다곤 하지만, 정말 성장성과 수익성을 모두 잡고 있는 셈입니다.

카카오톡에 네 번째 탭으로 추가하며 출사표를 던지다!

이렇게 카카오톡 기반으로 커머스를 키워가고 있는 카카오는 또 일을 크게 벌였습니다. 2021년 3월 카카오톡에 네 번째 탭으로 쇼핑 탭을 신설한 것입니다. 특히 이번 UI 개편이야말로 카카오가 이제 본격적으로 커머스로 확장하겠다는 의지를 보여준 것이라는 평이 많습니다. 아무래도 가장 핵심적인 서비스인 카카오톡의 화면을 대대적으로 개편한 것이기 때문입니다.

사실 알고 보면 그동안 카카오톡에 변화가 생길 때마다 카카오 전체가 들썩이곤 했습니다. 카카오톡 비즈보드 광고 상품 출시를 기점으로 카카오는 역대 최고 실적을 계속 경신하며 고속 성장하게 된 것이 대표적입니다.

그래서 카카오의 이번 개편은 더욱 의미심장하게 다가옵니다. 본진이라 할 수 있는 카카오톡을 건드리면서까지 커머스 강화를 선언한 것이니 말입니다. 이렇게 새로 생긴 쇼핑 탭에 들어가면 선물하기는 물론, 메이커스, 프렌즈, 쇼핑라이브 같은 기존에 카카오커머스가 실험적으로 선보였던 내용들을 한군데에 모아두었습니다. 확실히 과거에는 더보기를 누른 후에야 쇼핑으로 이동 가능하다가, 탭이 신설되면서 확실히 쇼핑 기능에 대한 접근성이 좋아졌습니다. 그리고 접근성이 좋아진 만큼 트래픽도 더욱 몰리게 될 전망입니다.

특히나 카카오는 이번 개편을 통해 라이브커머스에 힘을 실어 이와 같이 늘어난 트래픽을 적극적으로 활용할 의지를 보이고 있습니

(출처: 카카오)

다. 이처럼 한 번에 재고를 대량으로 판매해주는 라이브커머스가 강화될 예정이라 하니, 확실히 판매자들이 카카오로 더욱 몰릴 것 같습니다.

카카오가 지그재그를 품은 이유는?

2021년 4월 8일 카카오가 지그재그를 인수한다는 소식이 들려오며, 또다시 커머스 업계는 충격에 빠졌습니다. 이베이도 거른 카카오가 지그재그를 뜬금없이 품었으니 모두가 놀랄 수밖에 없었던 겁니다. 카카오는 여기서 다시 경쟁자들의 허를 찌른 것 같습니다. 모두가 오픈마켓 형태로 덩치를 키우고, 식료품 카테고리를 강화할 때, 새로운 수를 내보인 셈이니 말입니다.

알려진 바에 따르면 카카오가 처음에 인수를 고려했던 대상은 무신사였다고 합니다. 하지만 무신사의 기업가치가 너무 높아져 지그재그로 선회했다고 합니다. 이러한 것들을 토대로 봤을 때, 카카오는 확실히 패션 카테고리를 새로운 성장 동력으로 삼고자 하는 것으로 보입니다. 이미 카카오는 선물하기 서비스를 통해 명품 등 고가 상품 등의 경험을 보유하고 있습니다.

또한 지그재그는 동대문 기반의 소호몰들이 모인 플랫폼이기 때문에, 이번 인수를 통해 고가 패션 시장에서 중저가 패션 시장까지 카카오는 아우를 수 있게 됩니다. 더욱이 과거 이미 카카오는 카카오 스타일이라는 서비스를 론칭하며 소호몰 패션 시장에 진출했던 적이 있습니다. 당시는 실패로 끝났지만 이번 지그재그 인수를 통해 이 부분을 보완한 것입니다.

무신사나 지그재그 모두 흑자를 기록하고 있는 플랫폼들입니다. 성장성과 수익성을 고려하는 카카오의 조건에 딱 부합하는 곳이 아닐 수 없습니다. 이처럼 지그재그를 품은 카카오는 선물하기에서 명품으로, 그리고 패션 카테고리로 점차 영역을 확장하며 커머스 시장을 공략하지 않을까 싶습니다.

캐릭터와 콘텐츠가 변수가 될까?

카카오에게는 또 다른 비밀 병기가 있습니다. 바로 캐릭터와 콘텐츠 IP입니다. 카카오프렌즈는 카카오의 효자 사업부 중 하나입니다. 라이언으로 대표되는 카카오의 캐릭터들은 카카오의 여러 서비스가 안착하는 데 가장 큰 공을 세우기도 했습니다. 카카오뱅크가 성공한 데는 캐릭터가 전면에 그려진 체크카드가 한몫했듯이 말입니다.

이러한 카카오프렌즈 사업을 양수받은 곳이 바로 카카오커머스입니다. 이후 카카오커머스는 카카오의 캐릭터들을 단지 상품화하는 것을 뛰어넘어, 새롭게 커머스에 활용할 여러 방법들을 고민 중인 것으로 알려져 있습니다. 2020년 11월 새롭게 리뉴얼한 카카오프렌즈 온라인 스토어는 카카오의 남다른 전략이 잘 드러나는 곳이기도 합니다. 이곳은 기존 통념을 깨고, 마치 인스타그램 피드와 같이 스토어를 설계해두었습니다. 그리고 라이언과 죠르디의 팬들이 몰려와 팬 계정을 방불케 댓글을 달고 서로 소통합니다.

더욱이 카카오는 우리나라를 대표하는 콘텐츠 IP기업이기도 합니다. '이태원 클라쓰', '경이로운 소문'부터 '승리호'까지, 하나의 IP

를 가지고 웹툰, 드라마, 영화 등 다양한 방식으로 풀어내며 미디어 시장을 선도하고 있습니다. 이와 같은 역량은 어떤 방식으로 커머스에 적용되어 폭발할지 아무도 모릅니다. 이제 본격적으로 달리기 시작한 카카오는 도대체 어디까지 갈 수 있을까요.

카카오의 적은 결국 네이버다

카카오는 이처럼 오늘보다 내일이 기대되는 커머스 기업입니다. 카카오톡 중심의 차별화된 판매 방식과 명품 강화와 여성 패션 카테고리 진출, IP를 활용한 커머스까지 카카오의 전략은 특별합니다. 하지만 동시에 이와 같은 카카오의 전략은 결국 네이버와 만나게 될 가능성이 큽니다.

이미 네이버가 미래 성장 동력으로 점찍은 라이브 커머스나 구독 경제 서비스는 동시에 카카오가 집중하고 있는 사업 부문이기도 합니다. 네이버는 포털, 카카오는 메신저를 중심으로 관계성에 집중하여 커머스 시장에 진출하다 보니 둘이 겹치는 부분이 많아지는 겁니다.

또한 네이버는 이미 신세계와의 협력을 통해 명품 카테고리를 강화하겠다고 선언한 바 있습니다. 특히 스마트스토어 내 소호몰들이 다수 입점해 있는 것은 물론이고, 심지어 지그재그의 가장 큰 경쟁자 중 하나인 브랜디의 지분을 보유한 투자자이기도 합니다. 여기에 더해 네이버의 물류 대전략 아래에는 브랜디와 함께 동대문 패션 시장을 생태계 내로 끌어 오는 것도 포함되어 있습니다. 이처럼 패션 시장에 대한 지배력을 포기하지 않을 네이버이기에 카카오와 직접적인 경쟁을 벌일 가능성이 큽니다. 따라서 둘의 전초전은 여성 패션 시장에서 시작될 가능성이 큽니다. 지그재그와 에이블리, 브랜디 삼파전으로 진행될 이 경쟁에서 카카오가 승자가 된다면 네이버, 쿠팡의 양강 구도가 아니라 카카오까지 참여한 삼자 구도로 판이 다시 짜일지도 모릅니다.

오프라인 유통, 시대의 흐름에
올라탈 것인가, 뒤처질 것인가

우리는 이커머스의 시대에 살고 있습니다. 연일 뉴스에서는 온라인 쇼핑의 성장 기사가 쏟아지고, 일상 속에서도 어느덧 온라인 쇼핑을 하는 일이 더 많은 것 같습니다. 하지만 통계청에 따르면 2020년 전체 소매시장 중 온라인쇼핑의 비중은 27.2%에 불과하였습니다. 12월에 이르러서야 월간 기준으로 이제 막 30% 비중을 돌파했다고 합니다. 여전히 우리의 삶 속에서는 오프라인 쇼핑의 비중이 압도적으로 큽니다.

그런데 도대체 왜 우리는 온라인 쇼핑이 대세라고 느끼고 있는 것일까요. 우선 30%라는 숫자 사체가 생각보다 작지 않습니다. 10년 전인 2010년만 하더라도 온라인 쇼핑 비중이 고작 8.2%에 불과했으니 말입니다. 하지만 그보다 더 무서운 건 성장 속도입니다. 2020

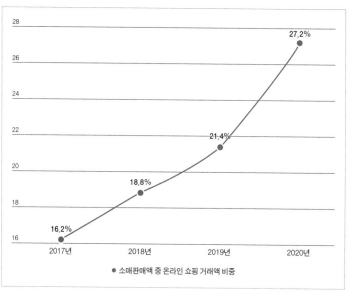

소매판매액 중 온라인 쇼핑 거래액 비중

(출처: 통계청)

년의 거래액 비중은 2019년 21.4%보다 5.8% 늘어난 숫자였습니다. 이 정도 변화량은 이전 3년의 그것과 비슷한 수준이었습니다.

이렇게 변화가 가속화되면서 전통적인 유통 기업들에게는 우려 섞인 시선이 모이고 있습니다. 예전의 방법들이 통하지 않으면서 이들에게 위기가 닥치고 있기 때문입니다. 물론 아직까진 미국처럼 파산하는 기업들이 나오고 있진 않지만, 상황이 이렇게 흐르다가는 정말 어떻게 될지 모르는 상황입니다. 사실 우리보다 온라인 침투율이 낮은 미국의 유통 기업들이 릴레이 파산을 겪는 동안, 비교적 잘 버티고 있던 것은 기본적인 사업 모델에서 차이가 있었기 때문입니다.

미국의 백화점들은 대부분 직매입 모델을 채택하고 있습니다. 직매입이란 백화점이 직접 물건을 구매한 이후 판매를 하는 방식입니다. 그 덕택에 가격도 마음대로 변경할 수 있는 장점이 있으나, 그 대신 재고를 부담해야 하는 것이 단점입니다. 이러한 재고 부담 때문에 미국 백화점들은 변화에 취약하였고, 온라인 쇼핑의 성장에 따라 파산하는 곳들이 늘어나게 된 겁니다.

이에 반해 국내 백화점들은 특약매입이라는 형태로 운영됩니다. 이 부분은 재고 부담을 따로 지지 않고 판매된 상품만 백화점의 상품으로 취급하는 형태입니다. 즉 팔린 물건은 백화점 매출로 잡히고, 남은 재고들은 마치 반품처리 되듯이 입점한 업체들에게 되돌아가게 됩니다. 따라서 백화점들은 물건의 가격 등을 통제할 수는 없었지만 대신 재고 부담을 전혀 지지 않아, 시장 환경의 변화나 코로나 팬데믹 속에서도 굳건히 버틸 수 있었습니다. 코로나 이전만 하더라도 명품 시장의 급성장 덕분에 오히려 반짝 호황을 누렸을 정도입니다.

하지만 이제는 정말 오프라인 유통의 위기가 현실화되는 모양새입니다. 코로나19 대유행으로, 온라인 전환 속도가 빨라지고 있습니다. 기존에 온라인 침투율이 낮던, 식료품이나 명품 같은 카테고리마저 이제 온라인으로 넘어가고 있습니다. 심지어 성장 가도를 달리던 편의점 같은 업태마저 퀵커머스의 등장으로 경쟁자를 민닌 상황입니다. 오프라인 유통, 시대의 변화에 적응하고 다시 재도약의 기회를 잡을 수 있을까요? 아니면 격변 속에서 사라지고 말까요.

그런데 도대체 왜 우리는 온라인 쇼핑이 대세라고 느끼고 있는 것일까요. 우선 30%라는 숫자 자체가 생각보다 작지 않습니다. 10년 전인 2010년만 하더라도 온라인 쇼핑 비중이 고작 8.2%에 불과했으니 말입니다. 하지만 그보다 더 무서운 건 성장 속도입니다. 2020년의 거래액 비중은 2019년 21.4%보다 5.8% 늘어난 숫자였습니다. 이 정도 변화량은 이전 3년의 그것과 비슷한 수준이었습니다.

이렇게 변화가 가속화되면서 전통적인 유통 기업들에게는 우려 섞인 시선이 모이고 있습니다. 예전의 방법들이 통하지 않으면서 이들에게 위기가 닥치고 있기 때문입니다. 물론 아직까진 미국처럼 파산하는 기업들이 나오고 있진 않지만, 상황이 이렇게 흐르다가는 정말 어떻게 될지 모르는 상황입니다. 사실 우리보다 온라인 침투율이 낮은 미국의 유통 기업들이 릴레이 파산을 겪는 동안, 비교적 잘 버티고 있던 것은 기본적인 사업 모델에서 차이가 있었기 때문입니다.

미국의 백화점들은 대부분 직매입 모델을 채택하고 있습니다. 직매입이란 백화점이 직접 물건을 구매한 이후 판매를 하는 방식입니다. 그 덕택에 가격도 마음대로 변경할 수 있는 장점이 있으나, 그 대신 재고를 부담해야 하는 것이 단점입니다. 이러한 재고 부담 때문에 미국 백화점들은 변화에 취약하였고, 온라인 쇼핑의 성장에 따라 파산하는 곳들이 늘어나게 된 겁니다.

이에 반해 국내 백화점들은 특약매입이라는 형태로 운영됩니다. 이 부분은 재고 부담을 따로 지지 않고 판매된 상품만 백화점의 상품으로 취급하는 형태입니다. 즉 팔린 물건은 백화점 매출로 잡히고, 남은 재고들은 마치 반품처리 되듯이 입점한 업체들에게 되돌아가게 됩니다. 따라서 백화점들은 물건의 가격 등을 통제할 수는 없었지만 대신 재고 부담을 전혀 지지 않아, 시장 환경의 변화나 코로나 팬데믹 속에서도 굳건히 버틸 수 있었습니다. 코로나 이전만 하더라도 명품 시장의 급성장 덕분에 오히려 반짝 호황을 누렸을 정도입니다.

하지만 이제는 정말 오프라인 유통의 위기가 현실화되는 모양새입니다. 코로나19 대유행으로, 온라인 전환 속도가 빨라지고 있습니다. 기존에 온라인 침투율이 낮던, 식료품이나 명품 같은 카테고리마저 이제 온라인으로 넘어가고 있습니다. 심지어 성장 가도를 달리던 편의점 같은 업태마저 퀵커머스의 등장으로 경쟁자를 만난 상황입니다. 오프라인 유통, 시대의 변화에 적응하고 다시 재도약의 기회를 잡을 수 있을까요? 아니면 격변 속에서 사라지고 말까요.

롯데, 왕좌에서 내려오다

특히 롯데의 몰락은 오프라인의 위기를 상징합니다. 롯데의 별명은 유통 공룡이었습니다. 그만큼 유통업계를 대표하는 기업이고, 실제로 매출액 기준으로 여전히 1위의 자리를 지키고 있습니다. 하지만 이제 롯데쇼핑의 내일은 너무나도 어두워 보입니다. 특히 코로나로 위기가 심화된 2020년 실적은 위기설을 더욱 증폭시켰습니다. 롯데쇼핑의 2020년 매출은 16조 762억 원으로 전년 대비 8.8% 감소하였고, 영업이익은 3,461억 원으로 19.1%나 줄어들었습니다. 순손실은 6,709억 원으로 적자 폭이 축소되었다고 하나, 매출과 영업이익의 하락세가 심상치 않습니다.

롯데쇼핑은 2017년부터 2019년까지 매출액이 17조 원을 상회하였습니다. 하지만 고작 1년 새 1조 원이 증발해버렸습니다. 영업이익은 더욱 심각합니다. 숱한 위기설에도 불구하고, 2000년 이래로 20년 동안 롯데쇼핑의 영업이익은 4,000억 원 밑으로 떨어진 적이 없었기 때문입니다. 이처럼 롯데쇼핑의 실적은 뒤로 후퇴하고 있습니다.

사실 작년 코로나로 인해 모든 사업부가 어려웠던 건 압니다. 오히려 생필품 소비 증가로 롯데마트는 흑자 전환하였고, 가전제품을 주로 판매하는 롯데하이마트의 이익은 오히려 급증했습니다. 하지만 백화점의 실적 축소와 롯데온의 부진으로 인한 수백억 원대의 적자는 끝끝내 롯데의 발목을 잡았습니다.

사실 롯데는 그동안 너무 안일했습니다. 우선 롯데온의 출범 시기가 늦어도 너무 늦었습니다. 유통 라이벌 신세계-이마트가 일찌감치 통합 플랫폼 SSG를 론칭하고 시행착오를 겪는 동안, 내부 교통정리에만 시간을 보냈습니다. 겨우 출범한 롯데온은 차별화 전략이 부재한 상태였고 예상대로 부진하고 있습니다.

롯데는 2020년 2월 전체 5년간 718개의 매장 중 200여개를 줄이는 대규모 구조조정 및 사업 재설계를 이미 발표하였습니다. 이미 2020년 1년 동안 114개의 매장을 정리하며 체질 개선에 힘쓰고 있습니다. 적자기업 쿠팡 정도는 가볍게 이길 수 있다는 오만함을 버리고 롯데온의 수장도 교체하였습니다.

하지만 여전히 롯데의 내일은 그리 밝아 보이지 않는 것도 사실입니다. 여전히 경쟁자들에 비해 의사결정도 느리고, 뾰족한 무기도 보이지 않기 때문입니다. 이제 롯데는 정말 뼈를 깎는 노력을 해야 상황을 반전시킬 수 있지 않을까 싶습니다. 롯데의 가장 큰 무기는 콘텐츠와 M&A입니다. 우선 오랜 기간 유통업계 1위를 지켜온 롯데가 가진 콘텐츠들은 적지 않습니다. 이들을 온라인에서 제대로 풀어낼 때 파괴력이 적지 않을 겁니다. 그리고 이를 잘 활용하기 위해 롯데는 온라인 DNA를 수혈할 필요성이 있어 보입니다. 그리고 뒤이어 9월에는 시장 1위 가구 브랜드 한샘을 인수하면서, 홈인테리어 콘텐츠를 강화하기도 했습니다.

신세계-이마트, 이번에는 정용진의 한 수가 통할까?

라이벌 신세계-이마트는 롯데보다는 나은 상황이긴 합니다. 이미 SSG를 시장 내에서 나름 존재감 있는 플랫폼으로 키워냈고, 대형마트 1위 이마트도 온라인 장보기 시장 내에서 규모 면에서는 쿠팡, 마켓컬리와 어깨를 나란히 할 정도입니다. 하지만 동시에 기대보다

성과가 지지부진한 것도 사실입니다. 이마트몰과 신세계몰이 합쳐진 SSG가 론칭한 것이 2014년입니다. 물론 2020년 거래액을 4조 가까이 키워내는 데 성공하긴 했지만 시장 내 선도 업체인 네이버, 쿠팡, 이베이코리아, 11번가 등의 절반도 되지 않는 수준에 불과합니다. 더욱이 7년 넘는 기간 동안 여전히 신세계몰과 이마트몰이 화학적으로 결합되지 못했다는 점도 아쉽습니다.

이렇듯 지지부진한 상황에 신세계-이마트는 극약처방을 내립니다. 업계 1위 네이버 진영에 합류하기로 한 겁니다. 정용진 부회장과 이해진 글로벌 투자 책임자의 전격 회동과 함께 발표된 둘의 전략적 제휴는 서로 필요한 것을 채워줄 수 있다는 점에서 강력한 시너지를 발휘할 것으로 기대됩니다. 하지만 동시에 신세계-이마트가 독자 플랫폼이 아닌 네이버의 상품 공급과 물류를 대행하는 업체로 전락할 수 있다는 위험성도 존재합니다. 네이버 입장에서야 나쁠 것이 없지만 말입니다.

그래서 SSG는 오픈마켓으로 전환하는 등 독자 생존의 길 역시 포기하지 않고 있긴 합니다. 하지만 그동안 못해오던 것을 기존의 방법을 고수하면서 이룰 수 없을 게 당연하지 않습니까? 그래서 SSG는 최근 파격적인 행보를 걷고 있습니다. 우선 야구단을 인수했습니다. 야구단과 온라인 쇼핑몰이 무슨 상관이 있냐고 의문을 품으실 수도 있습니다. 하지만 야구단의 이름 자체가 SSG 랜더스입니다. 그만큼 SSG라는 브랜드를 중요하게 여기고 있고, 이를 띄우겠다는 의지가 느껴집니다. 과거 LG그룹은 럭키화학과 금성전자라는 두 개의 계열사의 독립성이 너무 강했습니다. 하지만 야구단 LG 가 출범하면서 둘은 하나의 브랜드로 합쳐질 수 있었습니다. 신세 계와 이마트라는 두 브랜드가 야구단을 통해 하나로 합쳐지는 그 림, 야구단 인수를 주도한 정용진 부회장이 정말 바라는 그림이 아 닐까요?

더욱이 신세계-이마트도 적극적으로 인수전에 참여하며 온라인 DNA 수혈에도 힘쓰고 있습니다. 2020년 여성 패션 커머스 중 방문 자 수 기준 1위 에이블리에 30억 원을 투자하기도 하였고, 2021년 4월에는 2,700억 원에 온라인 여성 편집샵 W컨셉을 인수하기도 하였습니다. 그리고 이베이 코리아의 지분 80%를 3조 4천억 원에 사들이며, 이커머스 1위를 향한 야심을 아직 포기하지 않았음을 증 명하기도 했습니다. 여기에 더해 스타벅스 코리아 지분 절반을 마 저 인수하기까지 했습니다.

이러한 공격적인 인수합병 행보를 보면, 여성 패션 중심의 온라 인 시장 진출, 네이버와 손을 잡고 이마트의 온라인 마트 장악, 스타 벅스의 노하우를 활용한 온-오프 통합 옴니채널 구축, G마켓과 옥 션의 거래액을 활용한 규모의 경제 구현 등 신세계-이마트의 전략 들이 그려지는 듯합니다. 지금까지 정용진 부회장은 두 얼굴의 경 영자로 알려져 있었습니다. 스타필드, 노브랜드 등 새로운 혁신을 일으키는 경영자 또는 미국 등 선진 시장에서 뜬 비즈니스 모델을 베끼다가 말아먹은 마이너스의 손이라는 극단적인 두 가지 이미지 를 모두 가지고 있었습니다. 과연 이번에는 그동안의 실패를 거울

삼아 신세계-이마트의 온라인 대전환에 성공할 수 있을지 귀추가 주목됩니다. 우선 다른 회사들과 달리 광폭행보를 보인다는 점 하나는 큰 점수를 줄 수 있지 않나 싶네요.

현대백화점, 나만의 길을 가는 게 맞는 방향일까?

그렇다면 롯데, 신세계와 더불어 백화점 3사라고 불리는 현대백화점은 어떤 온라인 전략을 가지고 움직이고 있을까요? 현대백화점은 다른 두 경쟁사인 롯데, 신세계와 달리 정말 조용한 움직임을 보이고 있습니다. SSG와 롯데온이라는 온라인 플랫폼을 대대적으로 론칭하고, 공격적으로 거래액 성장에 집중하고 있는 경쟁사들에 비해, 현대백화점은 더현대닷컴이나 현대백화점 식품관 투홈이라는 플랫폼을 오픈하기는 했으나 적극적으로 이를 밀고 있는 모양새는 아닙니다.

오히려 현대백화점은 본업인 오프라인에서 사고를 칩니다. 2021년 2월 서울 시내 최대 규모의 백화점 '더 현대 서울'을 선보이며 시장에 충격을 준 겁니다. '더 현대 서울'은 확실히 기존 백화점과 결이 달라도 너무 달랐습니다. 모든 층에서 천장을 통한 자연 채광이 가능하도록 설계가 된 것은 물론, 실내 정원인 사운즈 포레스트, 약 12미터 높이의 인공폭포가 인상적인 워터폴 가든까지, 자연적인 느낌을 물씬 풍기도록 꾸며져 있었습니다. 고객이 시계를 보지 못하도록 하여, 억지로 체류 시간을 늘리는 게 아니라, 고객이 공간 자체를 즐기도록 유도하고 있는 건데요. 수치상으로도 매장 전체 면적 대비 영업 면적이 51% 수준으로 현대백화점 매장들의 평균인 65%보다 14%나 낮았습니다. 결과는 대성공으로, 첫 주말 매출만 370억 원, 업계에서는 올해에 바로 6,300억에서 7,000억 원 정도의 매출을 기록할 것으로 예상하고 있습니다.

이처럼 현대백화점은 최근 온라인과 차별화된 오프라인만의 경험을 주는 것만큼은 확실히 앞서가는 모습을 보이고 있습니다. '더 현대 서울' 이전에도 2016년 오픈한 판교점이 센세이션을 일으키곤 했습니다. 유명 브랜드 매장이 아니라, 카페, 베이커리, 맛집 등을 공격적으로 유치하여 고객들을 모았습니다. 어린이책미술관이나 회전목마까지 들여 놓은 걸로 유명했던 판교점은 오픈 5년 만에 1조 원 매출을 돌파하였습니다.

이와 같이 오프라인도 생존할 수 있다는 걸 보여주고 있는 현대백화점, 하지만 장기적으로 온라인 채널을 확보하지 못하면 살아남기 어렵다는 걸 스스로도 잘 알고 있습니다. 다만 현대백화점은 롯데와 신세계-이마트와 달리 대형마트를 보유하지 않아, 거래액 규모 싸움을 벌이기에는 한계가 있습니다. 그래서 전략을 달리하여, 보유한 자회사들의 개별몰의 각개전투에 오히려 힘을 쏟고 있습니다. 실제로 현대백화점은 VIP고객 집중을 통해 성상 중인 한섬몰이나, 2020년 11월 대대적으로 리뉴얼을 한 리바트몰 등을 통해 온라인 D2C에 집중하고 있습니다.

우선 단기적으로 이들의 전략은 가장 효과적으로 통하고 있는 것으로 보입니다. 오프라인 플래그십 스토어 확장과 자체 브랜드의 D2C 강화라는 두 가지 방향으로 움직이고 있는 현대백화점만의 남다른 접근 방식이 과연 장기적으로 유효한 수가 될지 앞으로가 궁금합니다.

GS리테일, 뭉치는 게 살아남는 길일까?

마지막으로 살펴본 오프라인 기업은 GS리테일입니다. GS리테일은 앞의 세 회사와 달리 대형마트도 백화점도 가지고 있지 않습니다. 하지만 편의점과 슈퍼마켓, 그리고 드럭스토어까지 다양한 업태를 보유한 유통의 강자 중 하나입니다.

GS리테일도 코로나19로 인한 위기를 피해가지 못했습니다. 2020년 매출액은 8조 8,623억 원으로 전년도보다 1.6% 감소한 것으로 나와, 집계 20년만에 처음으로 매출이 줄어든 성적표를 받아야 했습니다. 사회적 거리 두기로 가장 주력인 편의점 사업의 성장성이 둔화되었기 때문입니다. 거리 두기 단계 완화와 더불어 다행히 실적은 개선되고 있으나 편의점도 장기적으로는 위기가 예상되고 있습니다. 경쟁은 심화되고, 업태 자체의 성장성도 온라인 침투로 떨어질 게 분명하기 때문입니다.

이러한 상황 속에서 GS리테일이 찾은 해결책은 통합입니다. 먼저 2021년 4월 통합 플랫폼 '마켓포'를 선보입니다. '마켓포'는 'GS 프레시몰', 헬스앤뷰티H&B '랄라블라', 유기농 전문 온라인몰 '달리 살다'를 하나로 합친 것으로, 본격적으로 온라인 채널로 확장하겠다는 의지를 표명하는 것으로 보입니다.

여기에 더해 7월에는 GS홈쇼핑과의 통합도 예정되어 있습니다. 비대면 채널인 홈쇼핑까지 하나로 뭉쳐 온라인 전환에 나서겠다는 뜻입니다. 더욱이 요기요마저 품으면서, 퀵커머스 시장에서도 존재감을 드러낼 것으로 보입니다. 다만 아쉬운 것은 타이밍이 너무 늦었다는 건데, 과연 지금이라도 통합해서 경쟁에 뛰어드는 방법이 맞을지는 우선 마켓포가 얼마나 빨리 시장에 안착하느냐에 달린 것 같습니다.

두 번의 파도를 이겨낸 오프라인, 세 번째는 어떨까?

우리나라의 유통시장은 유명합니다. 외국계 기업이 성공한 사례가 드물다는 것으로 말입니다. 월마트나 까르푸 같은 외국계 기업들이 앞다투어 진출한 적도 있었으나, 이들은 토종 기업들에 밀려 자취를 감추고 말았습니다. 지금은 속절없이 밀리고 있는 모양새지만 사실 알고 보면 국내 오프라인 유통 기업들은 이러한 치열한 경쟁을 이겨내고 살아남은 곳들입니다.

IMF를 제외하고도, 오프라인 유통 기업들에게 최근 20~30년간 크게 두 번의 위기가 있었습니다. 과거 첫 번째 큰 위기는 월마트의 국내 진출과 함께 찾아왔습니다. 대형 할인점은 당시 국내에 아예 존재하지 않던 업태였습니다. 하지만 이마트가 한국화된 대형마트 모델을 선보이며, 월마트와 까르푸는 국내에서 철수하고 맙니다. 두 번째 위기는 사회구조의 변화와 찾아왔습니다. 젊은 고객들이 백화점을 떠나는 유통 채널의 변화 시기가 다가온 것입니다. 하지만 국내 백화점들은 식음료 매장을 통해 떠나간 고객들을 다시 불러 모으고, 명품을 확대하여 오히려 성장하며 위기를 극복해냅니다.

작년부터 본격화된 온라인 쇼핑의 침공은 세 번째 위기라 할만합니다. 그리고 가장 치명적일지도 모르는 위기입니다. 과거의 위기는 특정 업태의 위기인 경우가 많았습니다. 보통 국내 유통 대기업들은 여러 업태의 채널들을 동시에 운영하고 있었기에 위기에도 안정적으로 대처할 수 있었습니다. 하지만 이번 위기는 다릅니다. 오프라인 전 채널이 모두 동시에 겪고 있기 때문입니다. 이러한 상황을 먼저 겪고 있는 미국의 경우 월마트 등 일부만이 살아남고, 나머지 기업들은 역사의 뒤안길로 사라지고 있습니다. 과연 한국의 월마트로 살아남을 기업은 어디가 될까요?

버티컬커머스,
언제까지 잘나갈까?

앞서 오프라인 기반의 플레이어들에 이어 마지막으로 알아볼 곳은 버티컬커머스입니다. 버티컬커머스는 하나의 상품군을 중심으로 운영되는 채널로, 우리가 전문몰이나 카테고리 킬러라고 부르는 업태입니다. 이들은 2018년도부터 온라인 쇼핑 시장에서 급부상하며 새로운 물결로 등장하고 있습니다.

이미 2016, 2017년경에 사실 종합몰 중심의 경쟁은 어느 정도 구도가 잡힙니다. G마켓, 옥션, 11번가, 쿠팡, 위메프, 티몬 등 여섯 플랫폼, 실질적으로는 다섯 회사의 싸움으로 좁혀진 겁니다. 앞서 나온 오프라인 업체의 플랫폼 중 가장 성공석으로 안착한 SSG의 거래액 4조에 못 미치는 반면, 다섯 회사 중 거래액이 가장 적은 티몬도 추정 거래액 5조 원 남짓이라 하니 여전히 저 구도는 유효한 셈입니다.

더욱이 재작년쯤부터는 종합몰 싸움은 아예 네이버와 쿠팡의 양강 구도로 정리되고 있습니다. 카카오, 11번가, SSG 등이 변수로 여겨지고는 있지만 잘해야 3자 구도, 많아야 다섯 개 이내 업체들의 과점 형태로 시장이 굳어질 가능성이 큽니다.

그래서 수년 전부터는 종합몰보다는 전문몰, 즉 버티컬커머스 모델에 관심이 쏠리기 시작했습니다. 가장 선진적이라는 북미의 온라인 시장도 아마존이 모두 장악한 것으로 보이지만, 패션 등 특정 분야에서는 아직 영향력이 미미합니다. 특히 미국은 D2C몰들의 비중이 큽니다. 반면 유럽이나 일본에서는 아소스, 조조타운, 육스, 네타포르테 등 성공한 패션 버티컬커머스들이 많습니다. 따라서 국내에서도 이와 유사한 사례가 나올지 않을까라는 기대감이 있었습니다.

그리고 2018년 정도를 기점으로 서서히 버티컬커머스 유망주들이 수면 위로 떠오르기 시작합니다. 마켓컬리, 오늘의집, 무신사, 에이블리 등이 이들인데, 주로 패션 분야의 플랫폼이 많았지만, 식료품이나 리빙 쪽에서도 슈퍼스타가 나오며 시장을 주도하기 시작합니다. 그리고 작년 코로나19로 이들도 폭풍적으로 성장하기 시작합니다. 상징적 의미가 큰 조 단위 거래액을 달성한 플랫폼들도 여럿 등장하면서 온라인 쇼핑 전체 시장에서 유의미한 크기로 커진 겁니다. 이러한 버티컬커머스들은 과연 언제까지 잘나갈수 있을까요? 종합몰들 사이에서도 자신들의 영역을 지킬 수 있을까요?

마켓컬리, 가능성도 위험성도 가장 큰 버티컬커머스

마켓컬리는 여러 버티컬커머스 중 성장 가능성도, 몰락 가능성도 가장 큰 곳이라 할 수 있습니다. 그 이유는 마켓컬리가 집중하고 있는 카테고리가 모두가 원하는 식료품 카테고리라는 데 있습니다. 앞서 신선식품이 최후의 커머스 승자를 가르는 가장 중요한 분수령이 될 거라는 이야기를 하나의 챕터를 통해 전해드린 바 있습니다. 이처럼 식료품 카테고리는 시장 크기로 보나, 향후 성장성으로 보나 모두가 원할 수밖에 없는 시장입니다.

마켓컬리는 현재 이 시장을 장악할 가능성이 가장 큰 플랫폼 중 한 곳입니다. 마켓컬리의 2020년 매출액은 무려 9,523억 원으로, 전년(4,259억 원)대비 무려 123.5% 증가한 수치입니다. 사실상 1조 원 클럽에 가입한 셈인데, 이 정도 규모면 이마트와 홈플러스의 온라인 매출에 거의 근접한 수준입니다. 더욱이 고객의 최초 상기도 측면에서도, 쿠팡에 이은 2위로 인지도와 실제 규모 모두 시장을 리딩하는 위치로 올라선 셈입니다. 이처럼 마켓컬리야 말로 코로나 수혜를 받은 대표적인 곳이라 할 수 있습니다. 하지만 동시에 영업 손실도 1,162억 원으로 전년(1,012억 원)대비 14.82%나 늘었습니다. 이에 누적 적자도 2,600억 원 수준으로 불어날 전망입니다.

이와 같이 높은 성장성과 적자 구조라는 상난점을 다 가지고 있는 곳이 마켓컬리인데, 사실 이렇게만 봐서는 미래가 밝아 보입니다. 스타트업에게는 매출 성장성이 흑자 구조보다 중요하기 때문입

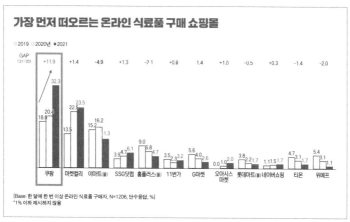

〈도표4-6〉 온라인 식료품 구매 시 마켓컬리의 최초 상기도는 2021년 기준 23.5%로 2위입니다
쿠팡과의 격차는 있지만 3위 이하와도 꽤 격차를 벌린 상황입니다

가장 먼저 떠오르는 온라인 식료품 구매 쇼핑몰

□2019 □2020년 ■2021

[Base: 한 달에 한 번 이상 온라인 식료품 구매자, N=1206, 단수응답, %]
*1% 이하 제시하지 않음

(출처: 오픈서베이 온라인 식료품 구매 트렌드 리포트 2021)

니다. 하지만 경쟁자가 이커머스 시장의 최강자 네이버와 쿠팡이라는 점에서 바로 이 성장성을 담보할 수 없다는 게 가장 큰 문제입니다. 쿠팡은 로켓프레시를 앞세워 매출 규모는 정확하게 알려져 있지 않지만 고객 인지도 속에서는 압도적 1위를 차지하고 있고, 네이버도 이마트와 협력하여 장보기 서비스를 대폭 강화할 전망입니다.

결국 마켓컬리만의 차별화로 이 둘을 이겨내고 지속적인 성장과 식료품 시장 내 일정 지분을 확보할 수 있을지 관건입니다. 마켓컬리가 가진 무기는 자체 물류를 바탕으로 한 새벽 배송과 엄격한 과정을 거친 고품질의 상품들입니다. 이 중 배송은 쿠팡이, 상품력은 이마트를 등에 엎은 네이버가 상대적 우위를 가져갈 것으로 보여 앞날이 쉬워 보이진 않습니다.

다만 긍정적인 부분은 시장 자체가 워낙 크다 보니, 현재의 마트 시장처럼 과점 형태로 시장이 나눠질 가능성이 크다는 점입니다. 여기서 마켓컬리가 쿠팡, 네이버-이마트 진영과 더불어 3자 구도의 경쟁으로 이끌어 간다면 지속 가능한 성장은 충분히 가능할 것 같습니다. 더욱이 마켓컬리는 조 단위의 거래액을 확보한 곳 중 유일하게 프리미엄 이미지를 함께 가진 식료품 커머스 플랫폼입니다. 이와 같은 브랜딩을 얼마나 잘 유지해나갈지가 결국 네이버, 쿠팡과의 경쟁을 이겨내는 데 주요한 포인트로 작용할 것 같습니다.

오늘의집, 리빙/인테리어는 장악 성공, 그 이후는?

수많은 버티컬커머스 중 코로나19 팬데믹을 거치며 가장 크게 성장한 곳은 역시 오늘의집입니다. 사회적 거리 두기로 외출이 줄어들고 재택근무 등 실내에서 머무는 시간이 늘어나면서, 가장 성장한 카테고리가 바로 리빙/인테리어입니다. 그리고 오늘의집은 이 분야에서 가히 압도적인 위치를 점하고 있습니다.

앱 방문자 수 기준에서 2등과의 차이가 수십 배 이상 나다 보니, 사실 이제 맞설 자가 없어 보입니다. 거래액도 월 단위로 이미 1,000억 원을 넘겨서, 2021년에는 연간 1조 원 이상의 서래액을 달성할 것으로 예상됩니다.

오늘의집이 가진 최대 강점은 커뮤니티와 커머스가 결합된 모델

〈그림4-6〉 가구/인테리어 내에서 오늘의집의 파워는 압도적입니다

순위	앱명	사용자 수
1	오늘의집 - No.1 인테리어 필수앱 Bucketplace Inc.	482,411 ↓ 72,191
2	한샘몰 - 토탈 홈 인테리어 쇼핑몰 ㈜한샘 주식회사	22,550 ↓ 12,372
3	IKEA Inter IKEA Systems B.V.	14,574 ↑ 235
4	집꾸미기 - No.1 인테리어 가이드 집꾸미기	13,403 ↓ 210
5	천가게 - 원단 천 1등 쇼핑앱 천가게	5,513 ↓ 120

(출처: 아이지에이웍스 모바일인덱스HD)

이라는 겁니다. 이용자들이 올리는 수많은 인테리어 사진들은 공간 꾸미기가 트렌드가 되면서 오늘의집의 로켓성장을 이끌었습니다. 하지만 아직 오늘의집은 슈퍼스타라고 하기엔 부족합니다. 특히 오늘의집에서 인테리어 상품과 팁을 얻고 구매는 최저가를 찾아 타 플랫폼으로 이탈하는 경우가 많다고 합니다. 쿠팡의 로켓배송과 같이 고객을 확실히 붙잡을 요소가 부족하기 때문에 발생하는 일입니다.

이러한 부분을 극복하기 위해 오늘의집은 인테리어 시공 분야로 사업을 확장하여 버티컬커머스로써의 전문성을 더 키워가고 있고, 동시에 윤아를 모델로 기용한 TV CF를 통해 브랜딩 작업에도 박차를 가하고 있습니다. 더욱이 자체 물류 인프라를 구축하여, 직접 배송까지 나서고 있습니다. 무엇보다 시공 분야는 타 커머스에서 범접하기 어려운 영역이기 때문에, 이 부분이 자리 잡는다면 한 번 더 성장의 모멘텀을 맞이하지 않을까 싶습니다.

지그재그 vs 에이블리, 누가 최후의 승자가 될 것인가

마켓컬리와 오늘의집이 적어도 해당 카테고리는 꽉 잡고 있다면, 여전히 치열하게 경쟁을 하고 있는 버티컬 분야도 존재합니다. 여성 패션 시장이 바로 이 분야인데, 거래액 기준 1위 지그재그와 이러한 지그재그를 이용자 수 기준으로는 추월한 에이블리, 그리고 다크호스 브랜디의 삼파전이 진행 중입니다. 여기에 29CM, 스타일 쉐어 같은 스타트업들은 물론, LF몰, 더한섬닷컴 등 기존 패션 회사들의 자사몰까지 호시탐탐 기회를 엿보고 있는 상황입니다.

이 중 앞서가고 있는 곳은 아무래도 지그재그와 에이블리입니다. 지그재그와 에이블리는 모두 동대문 패션을 기반으로 하고 있습니다. 그리고 둘 모두 브랜드가 약한 동대문 패션 특성상 상품 위주로 노출한다는 것도 동일합니다. 물론 판매자인 소호몰도 중요한 노출 포인트이긴 합니다. 하지만 이 둘이 뜬 이유는 내가 좋아하는 상품을 여러 소호몰들을 오가지 않고, 한 번에 보고 결제할 수 있다는 점이었습니다.

이처럼 흩어져 있던 동대문 패션 상품들을 한데 모아 보여주면서, 성공한 이들이지만 그 방식은 둘이 완전히 다릅니다. 우선 지그새그는 여러 쇼핑몰들을 한데 모아 보여주는 그 자체에 핵심 성공 요인이 있었습니다. 그리고 이후 이용자들이 결제 부분을 너무 불편해하자 Z결제라는 자체 결제 서비스를 개발하였고, 현재는 80% 이상의 상품이 Z결제를 통해 판매된다고 합니다. 굳이 따지자면 쇼핑 검색 서비스에 네이버 페이를 더한 네이버 모델에 가깝습니다.

반면 에이블리는 처음부터 풀필먼트에 집중했습니다. 심지어 상품 선택과 매입부터 에이블리가 담당하는 파트너스 모델이 핵심이었습니다. 판매자들은 에이블리가 사 놓은 상품 중 맘에 드는 것을 골라 촬영하고 업로드해서 판매하면 끝이고, 배송과 CS까지 모두 에이블리가 맡았습니다. 이와 같은 모델을 고객이 고객에게 판매한다고 해서 C2C^{Custome To Customer} 모델이라고도 합니다. 따라서 지그재그가 네이버라면, 에이블리는 로켓배송을 통해 차별화한 쿠팡과 비슷한 면이 많습니다.

소호몰을 한데 모아 보여주는 메타 쇼핑 모델을 처음으로 선보인 지그재그는 시장을 선점합니다. 하지만, 혁신적인 C2C 모델을 도입한 에이블리에게 추격을 허용합니다. 최근 둘의 방향은 또다시 겹쳐지고 있습니다. 지그재그는 제트온리라는 풀필먼트 서비스를 CJ대한통운과 협업하여 만들었고, 브랜드관을 오픈하여 동대문 패션에서 영역을 확장하고 있습니다. 에이블리도 마찬가지로 브랜드들을 적극적으로 유치하는 한편 뷰티나 핸드메이드 영역을 확장하고 있습니다.

그리고 지그재그가 카카오의 품 안으로 들어가면서 둘의 싸움은 다른 국면을 맞이하게 되었습니다. 그동안 성장성 측면에서 우월한 에이블리가 다소 유리한 부분이 있었는데, 최근 지그재그가 다시 공격적으로 확장에 들어간 데 이어 카카오라는 강력한 배경까지 얻게 되었으니 말입니다.

무신사, 모두 다 무신사랑 하게 만들다

하지만 이 둘보다 더 무서운 끝판왕은 따로 있습니다. 바로 무신사입니다. 무신사는 스트리트 패션이라는 정체성이 확실하고, 남성 고객 비중이 절반 정도로 높은 편이라 지그재그와 에이블리의 직접적인 경쟁자로 지목되지는 않습니다. 하지만 같은 패션 분야의 버티컬커머스이다 보니 간혹 비교를 하는 경우가 있는데 보통 무신사의 손을 들어주는 경우가 많습니다.

우선 기업가치 측면부터 무신사는 압도적입니다. 이미 2019년 11월에 국내 열 번째 유니콘 기업으로 인정받았고, 2021년 3월에는 무려 2조 5천억 원의 기업가치를 인정받으며 후속 투자를 유치하였습니다. 카카오가 지그재그 이전에 인수를 검토하다 높은 몸값 때문에 포기했을 정도입니다.

무신사의 최대 강점은 영업이익율이 높다는 건데, 이를 견인하는 것이 바로 PB브랜드 무신사 스탠다드입니다. 무신사 스탠다드는 2020년 전년 대비 76%나 성장하며, 매출 1천억 원을 돌파하는 등 이커머스 플랫폼이 만든 모든 PB브랜드를 통틀어 최고의 성공 사례가 되었습니다. 더욱이 스트리트 패션 자체가 동대문 패션보다 단가가 높다 보니 수익 구조 만들기에도 유리했고, 최근에는 명품, 골프웨어 등으로 영역을 확상 중이기 때문에 앞으로도 더욱 좋아질 것으로 예상됩니다.

또한 무신사는 브랜드를 무수히 성장시킨 온라인 편집샵입니다.

이미 쿠어나 디스이즈네버댓 같은 브랜드들은 무신사와 함께 100억 원대 이상의 매출을 올리고 있습니다. 특히 커버낫은 2021년에는 1,000억 원대 매출을 달성할 것으로 예상될 정도입니다. 이러한 무신사 브랜드들의 약진은 무신사의 최대 강점 중 하나입니다. 무신사는 이 같은 역량을 살려 유럽, 일본 등 해외 진출에 도전하고 있습니다.

결국 답은 해외진출이다

이처럼 버티컬커머스가 지속적으로 잘나가려면, 결국 해외로 영역을 확장해야 할 것입니다. 서두에서 다룬 북미의 브랜드 D2C몰들이나, 유럽을 기반으로 한 패션 버티컬커머스들의 공통점은 글로벌 진출에 성공했다는 겁니다. 하나의 카테고리 기반으로 성장한 쇼핑몰들은 필연적으로 성장의 한계를 맞이할 수밖에 없고, 이를 이겨내려면 결국 해외 진출이 가장 이상적인 선택지입니다.

단일 카테고리 시장이라 하더라도 글로벌 시장을 노린다면 한계 없는 성장을 할 수 있기 때문입니다. 특히 패션 분야에는 기회가 있습니다. 무신사는 브랜드를 키우는 노하우를 가지고, 국내 브랜드의 해외 진출을 돕는 방식이 유력합니다. 국내에서는 플랫폼을 키우고 이를 통해 브랜드를 성장시켰다면, 해외서는 반대로 브랜드를 먼저 띄우고 플랫폼을 만드는 전략을 세운 겁니다.

지그재그나 에이블리도 동대문 패션을 무기로 해외 진출을 계획 중입니다. 동대문 패션 자체가 세계적으로도 경쟁력을 지녔다는 것과 최근 더욱 영향력이 커져가고 있는 한국의 콘텐츠 산업을 고려했을 때 충분히 가능성이 있어 보이는 선택입니다.

당근마켓, 버티컬커머스가 슈퍼앱이 될 수도 있을까?

이들이 이렇게 끝없는 성장에 집착하는 것은 결국 온라인 쇼핑 시장은 규모의 경제를 누가 더 잘 만드냐의 싸움이고, 슈퍼앱 플랫폼만이 최후까지 살아남는다는 특성을 가지고 있기 때문입니다. 그리고 아무래도 단일 카테고리를 취급하는 버티컬커머스들은 슈퍼앱이 되기 어렵습니다. 공간과 입지의 제약 덕분에 다양한 규모의 업태가 공존 가능한 오프라인과는 차이가 나는 부분입니다.

그러면 버티컬커머스 중 슈퍼앱이 나올 순 없을까요? 정확하게 따지면 버티컬커머스도, 아니 커머스가 아닐지도 모르는 당근마켓은 새로운 슈퍼앱 후보로 떠오르고 있습니다. 당근마켓은 이름에는 마켓이 들어가 있지만, 커머스보다는 커뮤니티를 지향하는 서비스입니다. 이들이 중고 거래 앱을 표방한 것은 단지 지역 커뮤니티를 만들기 위한 수단이었을 뿐입니다.

그리고 이러한 이들의 진심이 통하면서 당근마켓 서비스는 연일 상한가를 치고 있습니다. 커머스 앱 중에는 쿠팡에 이은 2위로 떠올랐을 정도입니다. 동네생활 탭을 오픈하면서, 아예 커뮤니티적인 성향을 강화하고 있습니다. 향후 이는 네이버 카페와 같은 커뮤니티 서비스들과 경쟁할 것으로 예상되고 있습니다. 더욱이 영국, 미국, 일본 등 해외 진출까지 시작하면서 글로벌 서비스로의 성장까지 기대되고 있는데, 특정 분야를 중점적으로 한 커머스 서비스의 이상적인 성장 사례라고 할 수 있을 것 같습니다.

뾰족하게 시작하고, 지속적으로 넓혀가라

날이 갈수록 소비자들의 수요는 다양해지는 시대에 우리는 살고 있습니다. 하나의 플랫폼 혹은 서비스가 이러한 다양성을 모두 충족시킬 수는 없습니다. 그래서 버티컬커머스들은 성공할 수 있었습니다.

이제 시장에 웬만한 버티컬커머스들마저 모두 나온 상황입니다. 그래서 앞으로는 더욱 뾰족하게 비즈니스 전략을 세운 플랫폼들만이 살아남을 수 있을 겁니다. 그리고 버티컬커머스들은 지속적으로 영역을 넓혀가며 성장해야 합니다. 오늘의집은 리빙 소품에서 시작해서 인테리어 시공까지 영역을 넓혀 성장하고 있고, 당근마켓은 육아 부모들의 용품 나눔에서 시작하여 맘카페의 자리를 넘보는 커뮤니티로 커가고 있습니다. 이러한 원칙을 잘 기억하는 버티컬커머스들은 앞으로도 계속 성장해나갈 수 있을 겁니다.

우리는 변화의
시대에 살고 있다

아마 우리는 앞으로 코로나 세대라고 불릴지 모릅니다. 그만큼 코로나19 팬데믹은 우리의 삶에 큰 영향을 끼친 중요한 사건이었습니다. 이러한 역사의 큰 분기점은 우리의 일상을 이전과는 전혀 다르게 만듭니다. 원래 보통 사회의 변화는 개인이 체감하기 쉽지 않습니다. 개인의 삶은 사회 변화 앞에선 너무 작은 존재이기 때문입니다. 마치 우리가 지구의 자전을 느끼지 못하는 것처럼 말입니다. 하지만 코로나로 인한 변화는 너무 급작스럽게 찾아왔기 때문에 우리는 하루하루 그 변화를 느끼며 살아가고 있습니다.

그러나 이러한 변화가 모두 다 코로나 탓은 아닙니다. 오히려 그중 대부분은 이미 수년 전부터 지속되어왔던 것의 연장선에 불과합니다. 단지 그 속도가 빨라져서 우리가 느낄 수 있는 범위 내로 들어왔던 겁니다. 사실 코로나는 이러한 변화를 살짝 빠르게 만들었던 것이고, 원래 일어났어야 하는 일들이 일어났을 뿐입니다.

이는 커머스 분야에서도 마찬가지였습니다. 코로나 이후 우리 소비생활도 이전과는 아예 달라졌습니다. 거리로 나서보면 강남, 이태원, 명동 등 한때 번화하던 곳에는 임대 표시가 붙은 빈 점포로 가득합니다. 유통업계 1위 롯데는 2020년부터 전체 점포의 30%를 줄이는 구조조정에 돌입했습니다. 이마트도 2020년 2분기 474억 원이라는 역사상 최대의 적자액을 냈습니다. 이커머스라고 다르지 않았습니다. 10여 년동안 업계 1위 자리를 지켜온 이베이코리아는 인수합병 매물로 나오는 처지가 되었습니다.

하지만 동시에 이러한 변화는 이미 수년 전부터 예견되었던 것이었습니다. 가로수길, 이태원 등 대표 번화가의 점포들이 비기 시작한 건 오래전 일이었습니다. 이마트가 창립 이래 최초로 적자를 낸 것은 올해가 아닌 작년이었습니다. 롯데의 구조조정이 발표된 건 올해 2월, 즉 대구에서 터진 첫 코로나 유행이 오기도 전이었습니다. 이베이코리아는 2019년에도 여전히 업계 최고 수준의 거래액과 흑자 실적을 보였지만, 그 이전부터 수년간 큰 성장 없이 제자리걸음을 하고 있습니다. 우리가 미처 느끼지 못했을 뿐 변화는 바로 턱밑까지 와 있었던 셈입니다.

과거의 커머스는 가고 우리에게 찾아온 내일의 커머스의 모습은 어떠할까요? 우리는 격동기에서 살고 있기 때문에 생각보다 쉽게 내일의 커머스를 예측해볼 수 있습니다. 우리가 체감하는 변화들이 바로 내일의 일상으로 자리 잡을 것이기 때문입니다. 따라서 오늘 우리 가게가 살아남으려면 이런 변화에 빠르게 대처해야 합니다.

지금까지 변화의 시대의 중심에 있는 이커머스에 대해 여러 주제로 이야기를 나눠보았습니다. 이커머스는 이제 전체 소매시장에서 30% 정도를 겨우 차지할 뿐입니다. 하지만 앞으로 이 비중은 계속 증가할 것이고, 이커머스는 우리의 일상 속에서 더욱 중요한 자리를 차지할 것입니다.

이커머스 업계에서 일하다보니 이러한 변화를 더욱 민감하고 빠르게 체감할 수 있었습니다. 어느 순간부터 부모님도 온라인 쇼핑을 즐기시기 시작하였고, 공동주택 복도에는 늘 택배 박스가 놓여져 있습니다. 온라인 쇼핑을 부업 혹은 심지어 본업으로 삼는 사람들도 많아졌습니다. 쿠팡 플렉스 같은 택배 아르바이트를 하기도 하고요. 스마트스토어 같은 쇼핑몰을 운영하는 사람들도 많이 늘어났습니다.

하지만 동시에 이커머스에 대한 이야기는 제 주변 이들에게 너무 낯선 이야기였습니다. 때론 오해받기도 하고 불필요한 논쟁이 발생할 때도 많아 안타까웠습니다. 특히 개인적으로 커머스 트렌드를 분류하면서 한 번쯤은 이를 정리했으면 하는 갈증도 느꼈습니다. 이 업계에 대해 전혀 모르는 분께 뭔가 알려 드리는 콘텐츠를 만들고 싶었고 매주 전달해온 트렌드도 하나로 묶어서 전달해보고 싶었습니다. 그렇게 이번에 책을 기획하고 쓰게 되었습니다. 이 책이 이커머스에 대해 잘 모르던 분들에게 도움이 되었으면 좋겠습니다. 그리고 그 도움이 밑거름이 되어 변화의 시대에 살고 있는 우리들이 조금 덜 힘들게 이 변화에 적응하고, 오히려 변화를 주도해나갈 수 있었으면 좋겠습니다.

기묘한 이커머스 이야기

초판 1쇄 발행 2021년 12월 28일
　　　　2쇄 발행 2022년 1월 15일

지은이 기묘한
펴낸이 이광훈

펴낸곳 프리덤북스 **등록** 2020년 10월 5일 제2020- 00202호
주소 경기도 고양시 덕양구 삼송로 240, 302동 1226호(삼송동, 힐스테이트 스칸센)
전화 02)6402-6010 **팩스** 02)6280-6011 **이메일** freedombooks@naver.com

ⓒ기묘한, 2021
값 16,000원
ISBN 979-11-974032-3-1 03320